코로나 빅뱅, 뒤바뀐 미래

코로나 빅뱅,
뒤바뀐 미래

코로나 시대에 달라진 삶, 경제, 그리고 투자

한국경제신문 코로나 특별취재팀 지음

한국경제신문

들어가며

2020년 하나의 괴질이 전 세계를 휩쓸었다. 코로나19라는 이름이다. 정확히는 바이러스이고 공식 용어로는 신종 코로나바이러스 감염증이다. 이 괴질은 눈에 보이지도 않는다. 하지만 사람에 파고들어 고열과 기침을 일으킨다. 심한 경우 죽음에까지 이르게 한다.

이 바이러스는 전자현미경으로 관찰하면 왕관의 돌기 모양과 비슷하다. 그래서 왕관을 뜻하는 스페인어 '코로나'(Corona)가 명칭으로 붙었다. 이 괴물이 생겨난 것은 2019년 말이다. 19가 붙은 까닭이다. 코로나와 19를 합쳐 간단하게 표현한 것이 코로나19다.

코로나19는 2000년대 들어 생겨난 감염병(전염병) 중 인류에 끼치는 해악이 가장 치명적이다. 사스(SARS, 중증급성호흡기증후군), 신종플루(H1N1), 메르스(MERS, 중동호흡기증후군) 등과는 비교할 수 없을 정도다. 전파력이 워낙 강한 데다 치명률(감염자 중 사망자 비율)도 높다. 과학자들과 의학자들은 이 때문에 이 괴질을 14세기 유럽을 휩쓸었던 흑사병(페스트)이나 제1차 세계대전 직후 5,000만 명의 목숨을 앗아간 스페인독감에 비견한다.

인류는 코로나19와의 전쟁에 돌입했다. 처음에는 우왕좌왕했다. 괴질이 뭔지 잘 몰라서다. 지금은 어느 정도 윤곽이 나왔다. 어떤 독성을 갖고 있는지, 어떻게 자기 복제를 하는지, 어떻게 전파되는지 등을 꽤 알아냈다.

이를 바탕으로 인류는 두 개의 전선에서 전쟁을 치르고 있다. 하나는 치료제와 백신 개발이다. 전염병이 아무리 무서워도 약만 개발되면 두려워할 이유가 없다. 하지만 불행히도 아직까지는 치료제와 백신이 나오지 않았다.

다른 전선은 확산 방지다. 여러 차원의 '사회적 거리두기'(social distancing)에 나섰다. 자택격리, 이동제한, 봉쇄, 국경 폐쇄, 외국인 입국금지, 일시 업무중지(셧다운), 휴교령, 재택근무 등이다. 인간은 다른 사람의 도움이나 교류 없이는 살 수 없는 '사회적 동물'(social animal)이지만 인류 생존을 위해 본성을 잠시 접어두기로 했다.

토머스 홉스(Thomas Hobbes)는 《리바이어던》에서 "만인에 대한 만인의 투쟁으로 인류가 절멸하는 것을 방지하기 위해 사회적 계약을 맺었다"라고 했지만, 이번에는 그 반대 방향으로 인류는 바이러스와의 전쟁에서 승리하기 위해 '타인과 어울리기'를 잠시 중단했다.

인류는 이 괴질과의 전쟁에서 반드시 승리할 것이다. 인류 역사가 이를 말해주고 있다. 수많은 전염병과 두 차례의 세계대전 등이 있었지만 인류는 이를 극복하고 생존에 성공했다.

하지만 이 전쟁의 과정에서 인류의 삶은 바뀌고 있다. 소소한 일상생활부터가 그렇다. 아침에 집을 나서면서 마스크를 반드시 챙긴다. 마스크를 쓰지 않으면 사무실이나 병원, 가게 등에 들어갈 수가 없다. 건물에 들어가면 비누로 손을 씻는다. 화장실에 다녀온 뒤 대충 물만 적시던 사람들도 이제 하루에 몇 번이나 20~30초간 손을 씻고 있다.

사람이 많이 모이는 곳은 아무래도 피하게 된다. 영화관, 헬스장, 대형 공연장, 스포츠 경기장, 백화점, 대형마트 등에 잘 가지 않는다. 심지어 장례식장을 찾아 문상을 하거나 결혼식장에 가서 축하 인사를 건네는 것도 크게 줄었다. 가족끼리만 모여 조촐하게 결혼식을 치르고 이를 유튜브로 친지와 친구, 회사 동료에게 보낸다.

대신 집에 머무는 시간이 늘어났다. 필요한 물건은 스마트폰이나 PC로 주문한다. 안부 인사도 전화나 휴대폰 메시지로 건넨다. 업무도 집에서 본다. 회사가 셧다운을 염려해 재택근무를 늘려서다. 학생들은 온라인으로 강의를 듣는다. 초등학생이나 대학생 가릴 것 없다. 학원들도 마찬가지다. 그 결과 전 세계 80억 명의 인구 중 약 40억 명이 집에 머물고 있으며 약 20억 명의 학생들은 학교에 가지 않고 있다.

삶의 방식은 한번 바뀌면 이어지는 속성이 있다. 스마트폰이나 PC에 익숙하지 않던 장년층이나 노년층도 이제 잘 다룬다. 집에 머무는 시간이 길어질수록 거기에 적응한다. 미국 국무장관을 지낸 헨리 키신저는 "코로나19 팬데믹(pandemic, 세계적으로 감염병이 대유행하는 상황)이 끝나도 세계는 그 이전과 전혀 같지 않을 것이며 세계질서는 영원히 바뀔 수도 있다"고 했다.

삶이 바뀌면 경제도 바뀐다. 당장 온라인 쇼핑이 급증하고 있다. 배달 산업도 커지고 있다. 온라인 교육을 위한 각종 정보기술(information technology, IT) 기기 판매도 늘고 있다. 재택근무를 위해 장비를 갖추는 사람도 증가하고 있다. 이 때문에 홈오피스 산업이 주목받고 있다.

원격 산업도 급성장할 것으로 전망되고 있다. 사람끼리의 대면 접촉을 줄이게 되면서 원격의료가 늘고 있다. 숙박, 사무실, 자동차 등을 함께 쓰는 공유경제는 위기에 처했다. 지하철, 버스 등 많은 사람들이 이용하는 대중교통 산업의 위축도 예견된다.

금융 쪽에선 '현금 없는 사회'가 앞당겨질 전망이다. 몇 년 전부터 디지털화가 진척되며 현금 사용이 줄고 있었는데 각국 방역당국과 금융당국이 지폐나 동전에 바이러스가 묻어 있을 가능성을 경고하면서 현금 사용은 급감하고 있다. 신용카드도 접촉하지 않는 방식이 선호되고 있다. 이자는 아예 없어지거나 오히려 저축하는 사람이 은행 등에 보관료를 내야 하는 시대가 오고 있다. 각국 중앙은행이 대공황으로 번지는 것을 막기 위해 기준금리를 낮추면서 벌어지는 일이다.

부동산 시장에도 변화가 감지되고 있다. 이미 아파트 가격은 하락세로 돌아섰다. 더 하락할지, 어떤 선에 도달하면 반등할지 전문가들의 견해가 분분하다. 주식 시장에선 주목받는 기업에 대한 투자가 늘 것이란 전망이 우세하다. 의료·바이오·제약 등과 IT 관련 기업들이다. 채권 시장은 금리 하락(채권 가격 상승)을 점치는 사람들이 많다. 다만 세계 경제가 'V자'까지는 아니더라도 회복세로 돌아선다면 채권보다는 주식에 더 주목해야 한다는 목소리도 나오고 있다.

〈한국경제신문〉이 이 같은 변화에 주목하기 시작한 것은 2020년 2월 하순부터다. 코로나19의 진앙지인 중국 우한에서 신규 확진자가 감소세로 돌아서던 시기다. 반면 한국, 이란, 이탈리아 등은 확진자가 가파르게 늘기 시작한 때다.

우한을 중심으로 중국에서 벌어졌던 일들이 전 세계에서 똑같이 또는 비슷하게 생길 것으로 예상했다. 그리고 인류의 삶과 경제가 변곡점에 왔다고 봤다. 3월엔 베테랑 기자들로 특별취재팀을 구성했다. 노경목(경제부)·안재광(생활경제부) 차장, 최진석(건설부동산부)·황정수(산업부)·강현우(국제부)·김주완(IT과학부)·이지현(바이오헬스부)·정소람(금융부)·임근호(증권부)·강진규(경제부)·김남영(지식사회부) 기자, 강경민 런던 특파원이 팀원으로 참여했다.

특별취재팀은 국내외 대학의 경제·경영·정치·사회 분야 교수와 전문가, 중앙정부와 지방자치단체의 공무원, 의료 분야 권위자와 방역당국, 기업체의 임원과 연구소 연구위원, 일반 시민 등을 대상으로 폭넓게 취재했다. 그래서 나온 결과물이 '코로나 임팩트… 새로운 질서가 온다'는 제목의 기획 시리즈다. 4월 4일부터 23일까지

들어가며

게재됐다.

이 책은 이번 기획 시리즈를 토대로 삼았다. 하지만 취재와 인터뷰를 해놓고도 지면의 제약상 내보내지 못한 기삿거리가 많았다. '코로나 이전'(before corona)과는 확연히 달라진 내용이다. 여기에 추가 취재를 통해 '코로나 이후'(after corona)의 삶과 경제가 어떻게 달라지고, 변화에 맞춰 어떻게 투자해야 할지를 책으로 담았다. 그야말로 '빅뱅'이다. 코로나19 팬데믹이 없었더라면 다르게 펼쳐졌을 우리의 미래가 완전히 뒤바뀌었다.

특별취재와 책을 내는 데 있어 전폭적 지원을 아끼지 않은 김정호 사장과 조일훈 편집국장에게 감사를 표한다. 또 각자 맡은 업무를 하면서도 새벽과 밤늦은 시간은 물론 주말과 총선일에도 취재와 기사 작성을 위해 애써준 특별취재팀원들에게 다시 한 번 고맙다는 말을 전하고 싶다.

2020년 5월
〈한국경제신문〉 코로나 특별취재팀장 겸 경제부장 박준동

차례

1장

코로나 시대,
삶이 바뀌었다

코로나 시대에 달라진
삶, 경제,
그리고 투자

01
중국 우한에서 태어난 괴질, 전 세계를 삼키다

2019년 12월 31일 오후. 〈한국경제신문〉 국제부는 빨리 마감을 끝내고 집에 갈 생각에 들떠 있었다. 식구들과 저녁을 먹고, 제야의 종소리를 들으며 한해를 마감할 생각이었다. 당시 국제 이슈는 카를로스 곤 전 닛산 회장의 일본 탈출이었지만 며칠째 이어지고 있는 뉴스여서 마감하는 데 어려움이 있지는 않았다.

그런데 오후 늦게 강현우 기자가 외신을 보다가 "뭐 좀 이상한데…"라고 중얼거렸다. 그러면서 당시 박준동 국제부장에게 "중국에서 괴질이 돈다는데요"라고 했다. "괴질? 그게 뭔지 좀 더 살펴봅시다"는 부장의 주문에 강 기자는 중국 뉴스를 다시 꼼꼼히 살펴보기 시작했다. 강 기자는 차기 베이징 특파원으로 내정돼 준비 근무를 하고 있어 중국 뉴스를 읽을 수 있는 기자였다.

이날 중국 후베이성 우한시의 위생건상위원회는 현지 한 수산시장(나중에 화난시장으로 밝혀졌다)에서 원인 모를 폐렴 환자가 속출하고 있다고 발표했다. 이를 〈중국중앙방송〉이 보도하고 이 보도를 접한 홍콩의 〈사우스차이나모닝포스트〉가 영문으로 내보냈다. 코로나19가 전 세계에 알려지는 순간이었다.

당시엔 '코로나'라는 용어도 없었다. 〈한국경제신문〉 2020년 1월 1일자 국제면 2단 기사의 제목은 '또 사스 공포… 中 원인불명 폐렴 환자 속출'이었다. 내용은 이렇다. "우한의 한 수산시장에서 원인 모를 폐렴 환자가 발생하고 있다. 이날까지 총 27명의 환자가 발견됐으며 이 가운데 7명은 중태다. 중국에선 사스가 다시 퍼진 게 아니냐는 소문이 퍼지고 있다. 웨이보(Weibo, 중국판 트위터)에선 '우한에서 원인불명의 폐렴이 발견됐다'는 화제가 조회수 1억 8,000만 건으로 인기 검색 1위에 올랐다. 중국 의료당국은 긴급 조사 결과 바이러스성 폐렴으로 보이며, 전염 사례가 발견되지 않았다고 했다."

| 시진핑의 '총력 대응' 지시, 그리고 우한 봉쇄령 |

중국에서 '괴질 뉴스'는 한동안 나오지 않았다. 중국 당국이 몰랐거나 의도적으로 은폐를 했을 것으로 추정된다. 우한 시민들은 '원인불명 폐렴'에도 정상 생활을 이어갔다. 6,000명이 모이는 회갑연이 열리는가 하면 춘제(중국의 설) 연휴 기간 중 수천만 명이 고향을 찾아 이동할 것이라는 뉴스만 전해졌다. 우한의 인구는 5,800만 명 정도로 알려져 있다. 한국(5,170만 명)보다 인구가 더 많다.

'원인불명 폐렴'은 오히려 중국 이외 국가에서 이슈가 됐다. 1월 14일 태국에서 비슷한 증상의 폐렴 환자가 발생했다. 16일엔 일본에서도 환자가 나왔다. 모두 중국이나 우한과 연관돼 있었다. 이때부터 '우한 폐렴'이란 말이 쓰이기 시작했다. 한국에서 우한 폐렴 환자 발생은 1월 20일 발표됐다. 한국을 찾은 중국인 여성이었다.

시진핑 중국 국가주석이 우한 폐렴에 대해 처음으로 언급한 것은 1월 20일이다. "확산을 막기 위해 총력 대응하라"는 지시를 내렸다고 중국 언론들은 일제히 보도했다.

돌이켜보면 우한 폐렴은 그 시점 중국에서 이미 심각한 상황으로 번졌을 것으로 추정된다. 당시 홍콩대학교 전염병역학통제센터는 우한 폐렴 감염자가 중국 내 20여 개 도시에 있을 것으로 추정했다. 그런데도 중국 정부는 모른 척했다. 춘제 분위기를 깨지 말라는 지시까지 내려졌다고 한다.

시 주석이 '총력 대응' 지시를 내린 것도 태국, 일본, 한국 등 외국에서 문제가 되었기 때문에 마지못해 했을 것이란 게 중국 이외 언론들의 대체적인 추측이다. 특히 사스의 타격이 컸던 홍콩의 언론들이 적극 보도했다. 홍콩의 전염병 전문가들이 '원인불명 폐렴'을 사스의 변종으로 보고 있으며 중간 숙주로 박쥐, 뱀, 사향고양이, 나중에 천산갑(두꺼운 비늘을 가진 중소형 포유류) 등을 지목하고 있다는 것이 홍콩 언론을 통해 전 세계에 전해졌다.

중국 정부는 1월 23일 오전 10시를 기해 우한 봉쇄에 들어갔다.

비행기, 철도, 고속버스 등이 우한에 내리거나 서지 못하도록 했다. 우한 내부에서도 대중교통을 차단했다. 우한 시민들은 모두 자택에서 머물러야 했다. 심지어 차량 이동을 멈추기 위해 주유소 영업도 중단했다.

중국 정부는 이후 사실상 모든 도시에 대한 봉쇄와 통제에 돌입했다. 강동균 베이징 특파원도 아파트에서 식료품을 사러 나가려면 아파트 통제요원의 허가를 받아야 한다고 전했다. 외신들은 중국 14억 명의 인구 중 7억 6,000만 명이 자가 격리된 상태라는 보도를 내보내기도 했다. 대략 농촌 인구를 제외한 전 도시 인구가 집에 갇힌 것이다. 사회주의국가가 아니고선 어려운 일이다.

공식 통계 기준 중국에서의 코로나19 피크는 2월 13일이었다. 이날 하루에만 확진자가 1만 5,000명 이상 늘었다. 중국 당국이 우한 전 주민을 검사한 결과였다. 이후에는 계속해서 신규 환자가 줄었다. 2월 14일 5,000여 명, 15일에는 2,600여 명으로 감소했으며 18일에는 2,000명 아래로 떨어졌다. 중국은 4월 8일 우한 봉쇄령을 해제했다.

| 중국 편만 들다 뒤늦게 대처한 WHO |

〈한국경제신문〉이 우한 폐렴이란 용어를 쓰지 않고 코로나19로 쓰기 시작한 것은 2월 11일부터다. 그 전까지는 우한 폐렴으로, 1월

9일 이후부터는 신종 코로나바이러스로 표기했다. 1월 9일 세계보건기구(WHO)가 코로나를 처음으로 사용했기 때문이다.

WHO는 2월 11일 용어를 'Novel Coronavirus'로 통일하고 이를 줄여 'COVID-19'로 칭하자고 했다. 한국 정부도 WHO를 존중해 신종 코로나바이러스감염증(코로나19)을 공식 용어로 쓰기로 했다.

WHO가 언론에 주요하게 등장한 것은 1월 30일부터다. 이날 코로나19 사태로 국제비상사태를 선포했다. 하지만 중국 여행 제한에는 반대했다. 테워드로스 아드하놈 거브러여수스 WHO 사무총장은 중국을 믿는다고 했다. 하지만 미국 정부는 WHO 결정 7시간 뒤 중국인의 미국 입국을 금지했다. WHO가 사실상의 외국 여행 제한을 권고하는 의미의 팬데믹 선언은 3월 11일에나 나왔다.

WHO의 대응이 너무 늦었다는 것이 중국을 제외한 전 세계의 평가다. WHO는 1월 23일 비상회의를 열었지만 국제비상사태를 선포할 단계가 아니라고 봤다. 이탈리아에서 확진자가 급증한 2월 하순에도 팬데믹을 선언하지 않았다. WHO가 큰 권한을 갖고 있는 것은 아니지만 상징적 지위가 있다는 점을 감안하면 WHO의 행동이 전 세계에 경각심을 불러일으킬 수는 있다.

WHO의 안일한 대응은 에티오피아 출신의 거브러여수스 사무총장이 당선되면서부터 예고됐다는 것이 일반적 분석이다. 그가 신흥국 출신 처음으로 WHO 수장에 오르는 데는 중국의 지원이 결정적 역할을 했다.

| 중국에 이어 두 번째 위험국으로 떠오른 한국 |

2월 18일은 코로나19 사태에서 기억할 만한 날이다. 한국에서 분기점이 된 날이기 때문이다. 이날 신천지 신자가 31번 확진자가 됐다. 또 확진자 수가 전날 31명에서 하루 만에 27명이 늘어 58명이 됐다. 이후엔 확진자가 가파르게 증가했다. 2월 20일, 21일, 22일엔 하루에 확진자가 두 배씩 늘었다. 2월 29일엔 800명 이상 신규 확진자가 나왔다. 3월 7일 총 확진자 수가 7,000명을 넘어서기까지 초비상이 걸렸다.

한국의 코로나 사태는 두 가지 특징이 있다. 하나는 신천지라는 종교단체를 중심으로 퍼졌다. 신천지는 다른 종교집단에 비해 예배가 격렬하고 접촉이 많았다. 당연히 환자가 집중 발생할 수밖에 없는 구조를 가졌다. 다른 특징은 대구와 경북에서 주로 발생했다는 점이다. 특히 대구의 확진자는 전체 확진자 중 60% 이상을 차지했다.

한국은 코로나19에 잘 대처했다. 대구를 봉쇄하지도 않았다. 중국처럼 자유를 억누르는 이동제한 조치를 취하지 않았다. 하지만 정부의 권고와 시민들의 자발적 참여로 '사회적 거리두기'가 이뤄졌고 성공했다. 사회적 거리두기는 WHO가 권고한 사항인데 한국이 모범 실천국가가 되면서 전 세계가 따라 하고 있다. 이것이 한국이 잘한 첫 번째다.

두 번째는 신천지 억제다. 국민들의 전폭적 지지를 받으며 신천지 교인들에 대한 격리와 검사를 실시했다. 신천지를 묶어두는 것에 성공함으로써 전국과 전 국민들에게 퍼지는 것을 억제할 수 있었다.

세 번째는 확진자 동선 공개와 적극적인 검사다. 확진자가 다녀간 곳을 휴대폰으로 알려줌으로써 국민들에게 경각심을 불러일으켰다. 사생활 침해라는 논란이 있었지만 국민들 대다수는 찬성했다. 또 비슷한 증상이 있으면 바로 검사하고 다른 사람과 떨어지도록 조치했다. 확진자는 격리해 관리하면서 중증으로 넘어가는지 살펴본다. 중증으로 가면 기존 독감약에 항말라리아제나 에이즈치료제 등을 함께 처방해 생명을 살려냈다.

물론 한국 정부는 중국인에 대한 입국제한 조치를 일찍 취하지 않아 화를 키웠다는 비판을 받고 있다. 하지만 3월 들어선 의료진의 헌신과 국민들의 자발적 참여로 전 세계에서 '코로나에 가장 잘 대응한 국가'라는 평가를 받고 있다.

여기엔 다른 측면도 있다. 한국은 외국에서 잇따른 입국제한의 덕을 봤다. 이른바 반사이익이다. 한국이 코로나 위험국으로 인식되자 세계 각국 언론이 2월 19일부터 일제히 한국 상황을 보도했다. 그러자 한국인을 입국 금지하는 나라들이 생겨나기 시작했다. 한국과 교류가 많은 국가들 중에서 베트남이 첫 번째다. 2월 25일 이후 비행기 착륙을 불허하느니, 비행기에서 내린 한국인들을 돌려보내느니 법석을 떨었다. 모리셔스 같은 섬나라는 신혼부부들의 입국을 보류했다. 이스라엘에선 정부 돈을 들여 한국인들을 비행기에 태워 한국으로 돌려보냈다.

외국의 한국인 입국금지는 반대 측면에서 보면 외국인들도 한국에 오지 않는다는 의미다. 위험한데 왜 오겠는가? 이것이 큰 도움을 줬다. 특히 이탈리아 등 유럽인들의 입국이 급감했다. 한국의 방역당국은 2월 말 이후 온전히 국내에만 집중할 수 있었다.

| 이란, 유럽, 미국에 이어 전 세계로 퍼진 코로나 |

한국 다음으로 이슈가 된 국가는 이란이다. 2월 18일까지만 하더라도 확진자가 0명이었지만 19일 2명이 생겼다. 3월 1일엔 1,000명 가까이로 늘었고, 3월 14일엔 1만 4,000명으로 급증했다. 4월 1일엔 4만 7,000명을 넘어섰다.

이란에선 왜 이렇게 환자가 많이 발생했을까? 중국과 가깝게 지냈기 때문이다. 미국의 경제제재로 무너진 경제를 살리기 위해 중국과 손잡았다. 당연히 중국과 교류가 많았다. 이슬람 시아파의 맹주여서 성지도 많다.

이란 다음으로는 이탈리아다. 이탈리아의 분기점은 2월 21일이었다. 20일 4명에서 21일 19명으로 불었다. 이후엔 기하급수적으로 늘었다. 이탈리아는 중국인 왕래가 많은 북부가 문제가 됐다. 이탈리아 북부는 프랑스, 스페인, 스위스, 오스트리아와 붙어 있는 곳이다. 당연히 유럽으로 퍼져나갈 수밖에 없는 상황이었다. 또 3월 초까지만 하더라도 앙겔라 메르켈 독일 총리, 에마뉘엘 마크롱 프랑스 대통령 등 유럽 지도자들은 여행의 자유를 보장하는 셍겐조약(Schengen agreement)의 준수를 외쳤다. 코로나19의 심각성을 몰랐던 것이다.

미국은 진작부터 코로나19의 위험성을 알고 있었다. 3월 1일 75명, 3월 10일 994명 등 3월 초순만 하더라도 공식적인 확진자 수는 많지 않았다. 하지만 보건당국인 질병통제예방센터(CDC)는 검사 부족에 따른 착시 현상이라고 밝혀왔다. 이미 2월에 강도는 낮지만 미국 사회 전반에 코로나19가 만연해 있다고 수차례 경고했다.

미국의 숫자가 이처럼 적게 잡힌 것은 진단키트의 문제였다. CDC가 허용해준 키트가 오류를 일으켰다. 새로 진단키트를 만들고 적용하는 데 시간이 많이 걸렸다. 미국 정부는 한국처럼 적극적 검사가 필요하다고 봤다. 이 때문에 한국 진단키트도 갖다 쓴 것이다. 4월 8일 기준 확진자가 43만 5,000명으로 집계됐다. 이때까지 미국의 검사 건수는 200만 건을 넘어섰다.

미국의 코로나19 특징은 뉴욕주에 환자가 집중돼 있다는 점이다. 미국 방역당국은 이탈리아를 포함한 유럽과의 왕래 때문에 뉴욕주에 환자가 많이 발생했다고 보고 있다. 뉴욕은 유럽 쪽의 미국 관문이다.

미국에서 환자가 급증한 3월 중순 이후부터는 중남미, 동남아, 인도를 비롯한 남아시아, 호주, 뉴질랜드, 아프리카 등 전 세계에서 확진자가 생겨났으며 그 수도 가파르게 늘었다. 북한은 확진자가 없다고 발표하지만 세계 어느 나라도 이를 믿지 않고 있다. 세계는 일본에 대해서도 검사 건수가 적기 때문에 그 공식 통계를 신뢰하지 않는다.

02
코로나19는 무엇이고
백신은 언제 개발될까?

2020년 1월 19일 낮 12시 11분. 중국 우한에 살던 35세 중국인 여성이 중국남방항공 비행기를 타고 인천공항으로 입국했다. 중국 최대명절인 춘제를 맞아 한국과 일본에서 휴가를 보내기 위해서다.

이 여성은 입국 후 검문 과정에서 발열, 근육통 등의 증상을 호소했다. 코로나19 의심환자라고 판단한 인천공항검역소는 즉시 이 여성을 국가지정입원치료병상인 인천의료원으로 이송했다. 코와 입에 면봉을 넣어 채취한 검체는 바로 질병관리본부로 보냈다.

검사 결과 코로나19 양성이었다. 다음 날인 1월 20일 오전 10시 40분 보건복지부 기자단에게 한 통의 문자가 왔다. 이날 오후 1시 30분에 코로나19 관련 브리핑을 열겠다는 내용이었다. 3시간 뒤 기자들 앞에 선 정은경 질병관리본부장은 이렇게 말했다. "신종 코로나바이러스감염증 국내 첫 확진자가 나왔습니다."

| 메르스, 사스와 사촌 바이러스 |

중국 우한의 화난시장에서 시작된 것으로 추정되는 코로나19의 국내 확진자가 1만 명을 넘어선 지 오래다. 사망자는 250명을 넘어서 국내 치사율은 2%를 웃돈다. 이 질환에 걸린 사람 100명 중 2명 정도가 사망하지만 아직 질환을 일으키는 바이러스에 대해 명확하게 이해하는 사람은 아무도 없다. 전 세계가 코로나19와 사투를 벌이고 있는 이유다.

코로나19는 변종 코로나바이러스에 감염되는 질환이다. 코로나바이러스는 리노바이러스, 아데노바이러스와 함께 사람에게 감기를 일으키는 흔한 바이러스 중 하나다.

바이러스는 세균과 함께 사람에게 질환을 일으키는 대표적인 병원체다. 세균은 세포막, 세포벽, 핵, 단백질 등 독립적인 세포로 구성됐지만 바이러스는 유전 물질과 이를 둘러싼 단백질 막으로 구성된다. 스스로 살 수 있는 세균과 달리 바이러스는 다른 생물체에 기생해야만 살 수 있다. 생물체의 세포에 들어가 유전 물질을 이용해 복제·증식해 몸집을 불린다.

코로나19를 일으키는 코로나바이러스는, 이 유전 물질이 한 가닥의 리보핵산(RNA)으로 이뤄졌다. 이중나선 모양인 DNA 바이러스는 돌연변이가 상대적으로 적다. 유전자 정보를 담은 두 가닥의 폴리뉴클레오타이드가 비교적 안정적으로 쌍을 이루고 있기 때문이다. 반면 한 가닥뿐인 RNA는 이보다 불안정하다. 복제 과정에서 유전정보가 일부 바뀌기 쉽다. RNA 바이러스는 변이가 많다고 분석하는 이유다. 유전자 변이가 흔한 것으로 알려진 독감 원인 바이러스인 인플루엔자도 RNA 바이러스다. 에이즈를 일으키는 인체면역결핍바이러스(HIV)도 RNA 바이러스다.

코로나바이러스는 RNA 바이러스인 데다 알파, 베타, 감마, 델타 등 네 가지 유형으로 나뉜다. 감마와 델타는 주로 동물에게 감염을 일으키고 알파와 베타는 사람과 동물에게 감염을 일으킨다. 유전자 변이가 흔한 데다 바이러스의 유전형이 네 종류다. 돼지, 박쥐, 새, 사람 등 다양한 동물에게 침투할 수 있다. 호흡기는 물론 장기, 혈관 등 다양한 세포를 공격할 수 있다.

코로나19 이전까지 사람이 감염되는 코로나바이러스는 여섯 종으로 알려졌다. 감기를 일으키는 네 종류(229E, OC43, NL63, HKU1)와 중증폐렴을 일으키는 두 종류(SARS-CoV, MERS-CoV)다. 중증폐렴을 일으키는 두 종류 바이러스 중 하나에 감염돼 생기는 질환이 2015년 국내서 유행했던 메르스다. 2002~2003년 중국에서 유행했던 사스도 모두 변종 코로나바이러스에 감염돼 생기는 질환이다. 코로나19를 이들의 사촌 질환이라고 부르는 이유다.

대개 바이러스와 같은 감염 질환은 특정한 동물에서 사람으로 종간 벽을 뛰어넘을 때 치사율이 높아진다. 해당 동물에게는 익숙한 병원체지만 사람에게는 낯선 병원체이기 때문이다. 치사율이 지나치게 높은 바이러스는 증식해나가는 데 한계가 있다. 숙주가 죽어버리면 바이러스도 살 수 없기 때문이다. 치사율이 높던 바이러스는 자연히 사람이라는 숙주에 적응하면서 치사율은 낮아지고 감염력은 높아지는 방향으로 진화한다.

코로나19는 박쥐에 기생해 살던 바이러스가 사람에게까지 옮겨 온 것으로 추정되고 있다. 일부 연구진들은 이 바이러스를 중국에서 사람이 인위적으로 만들었다고도 주장하지만 아직 명확한 근거는 없다. 중국에서 종간 벽을 뛰어넘은 지 얼마 되지 않은 것으로 추정되는 인수공통감염병(zoonosis, 사람과 동물 사이에서 상호 전파되는 병원체에 의한 전염성 질병)이다. 세계인을 감염시킨 대규모 팬데믹 중 코로나바이러스가 원인인 첫 번째 질환이다. 아직 백신은 물론 치료제도 개발되지 않았다.

| 신약 재창출에 매진하는 인류 |

코로나바이러스는 입이나 코 속 점막을 통해 체내에 들어간다. 코로나바이러스 RNA를 감싼 단백질 표면에는 돌기가 뻗어 있다. 이를 스파이크 단백질이라고 한다. 이 돌기는 사람 몸에 있는 안지오텐신전환효소(ACE2) 수용체와 만나 세포 안으로 들어간다. 돌기의 모양과 수용체의 모양이 퍼즐조각처럼 맞아떨어진다. ACE2 수용체는 폐와 심장에 많다. 위 등 소화기관에도 있다. 코로나19가 몸속에 들어오면 폐는 물론 위, 심장 등 다양한 기관에 영향을 줄 것으로 추정되는 이유다.

바이러스는 사람의 세포에 기생해 살기 때문에 이를 죽이는 치료제를 개발하는 것이 어렵다. 치료제는 대부분 바이러스가 증식하는 경로를 막거나 바이러스가 수용체와 결합해 세포 속으로 들어가는 것을 차단하는 방식이다. 몸속에서 바이러스가 늘어나는 것을 억제한 뒤 몸의 면역체계가 공격하도록 돕는 것이다.

신약을 개발하려면 특정 질환을 치료하는 후보 물질을 발굴한 뒤 동물실험을 거쳐 사람을 대상으로 한 임상시험을 해야 한다. 안전성을 확인하는 임상 1상, 효능을 파악하는 임상 2상, 장기 안전성과 시장성 등을 함께 파악하는 임상 3상을 거쳐야 신약으로 허가를 받는다. 이를 위해 평균 12년 넘는 시간이 걸린다.

코로나19처럼 감염병이 확산돼 빨리 약을 개발해야 할 때에는 신약 재창출이라는 개발 방식을 주로 사용한다. 기존에 치료제로 개발하고 있거나 개발된 약을 코로나19 치료를 위해 다시 개발하는 것이다. 이미 개발돼 사용하는 약을 쓰면 안전성 문제가 비교적 적다. 긴 시간이 걸리는 임상 기간도 단축할 수 있다.

신약 재창출이라는 개발 방식은 감염병 유행 상황에만 쓰이는 것은 아니다. 세계적 블록버스터 반열에 오른 약 중에는 이런 방식으로 개발된 약이 상당히 많다. 미국 제약회사 화이자(Pfizer)가 고혈압·협심증 치료제를 개발하다가 발기부전치료제로 개발한 비아그라가 대표적이다. 혈관이 확장돼 혈류를 개선하는 원리의 이 약은 1998년 미 식품의약국(FDA) 승인을 받은 뒤 세계 6,000만 명이 처방받았다.

코로나19를 막기 위해 해외 제약 기업들은 신약 재창출 연구에 뛰어들었다. 세계적으로 개발 속도가 가장 빠른 것은 에볼라 치료제로 개발하고 있던 길리어드사이언스(Gilead Sciences)의 렘데시비르다. 임상 2상 단계에 머물던 에볼라 치료제를 코로나19 치료제로 적응증(어떠한 약제나 수술을 통해 치료 효과가 기대되는 병이나 증상)을 바꾼 것이다. 중국, 한국, 미국 등에서 임상 2상과 3상 시험을 동시에 하고 있다. 임상에 참여하는 환자는 8,500명에 이른다. 이 약은 시험관 연구에서 에볼라 바이러스를 포함해 여러 종류의 RNA 바이러스 복제를 막는다는 사실이 입증됐다.

말라리아 치료제 클로로퀸, HIV의 치료제인 애브비(AbbVie)의 칼레트라 등도 코로나19 치료제 개발을 위해 임상시험이 진행되고 있다. 간염약인 머크(Merk)의 레베톨, 길리어드의 소발디, 독감약인 후지필름도야마화학의 아비간과 길리어드의 타미플루 등도 마찬가지다. 국내서는 천식 치료제인 시클레소니드, 췌장염 치료제인 나파모스타트, 구충제인 니클로사마이드가 코로나19 치료에 효과가 있는지 확인하는 임상시험을 진행하고 있다.

코로나19를 앓고 난 환자의 혈액을 활용해 항체치료제, 혈장치료제를 개발하는 연구도 활발하다. 항체는 몸속에서 코로나19와 싸우는 면역 단백질이다. 혈장은 이런 면역 단백질이 많이 든 혈액 구성 물질이다. 완치자 혈장을 환자에게 투여하는 혈장치료는 국내서도 이뤄졌다. 신촌세브란스병원에서 급성호흡곤란증후군이 생긴 국내 중증 코로나19 확진자 3명에게 완치자의 혈장을 주입했고 이들 중 2명이 완치됐다.

| 백신은 언제 나올까? |

코로나19와 같은 감염병을 예방하는 가장 좋은 방법은 백신을 개발하는 것이다. 백신은 감염원과 비슷한 물질을 몸속에 주입해 인체가 이 물질과 싸워보도록 훈련시키는 것이다. 이후 실제 바이러스가 들어오면 나쁜 병원체로 인식해 바로 대응할 수 있다.

세계에서 개발 속도가 가장 빠른 백신은 미국 제약회사 모더나(Moderna)에서 개발하고 있는 mRNA다. 미 국립보건원(NIH) 산하 국립알레르기전염병연구소(NIAID)와 함께 개발해 2020년 3월 건강한 성인에게 투여하는 임상 1상 시험을 시작했다. 사람을 대상으로 코로나19 백신 연구가 시작된 것은 이 제품이 처음이다. 2020년 7~8월쯤 1상 임상의 결과를 내는 것이 목표다.

미국 바이오기업 이노비오(Inovio)도 DNA 백신 후보 물질을 2020년 4월 건강한 성인에게 투여했다. 이들 백신은 모두 유전 물질을 기반으로 한 백신이다. 유전자 백신이라고 불린다. 단백질의 유전자를 활용하기 때문에 짧은 시간에 많이 생산할 수 있다는 장점이 있다.

국내서도 백신 개발을 위한 연구가 활발히 이뤄지고 있다. 질병관리본부 산하 국립보건연구원은 코로나19 바이러스의 스파이크 단백질과 비슷한 백신 후보 물질을 만들었다. 이를 몸속에 넣어 면역반응을 이끌어내고 이후 진짜 코로나19 바이러스가 몸속으로 들어왔을 때 한 번 훈련된 면역반응이 일어나 감염되지 않는 원리다. 백신 후보 물질을 발굴하고 이를 임상 대상으로 선정하는 데에는 6~10개월 정도가 걸린다. 백신은 건강한 사람이 질환을 예방하기 위해 투여하기 때문에 안전한 물질인지 충분히 검증해야 한다. 국내 코로나19 백신을 개발하기 위해 동물시험, 임상 1상, 임상 2상 등의 단계를 거쳐야 한다. 모든 절차가 딱 맞춰 잘 진행되더라도 2022년은 돼야 백신이 나올 수 있을 것으로 전망하는 이유다. WHO는 이런 이유로 백신을 개발하기까지 최소 18개월이 걸릴 것이라는 전망을 내놓기도 했다.

코로나19가 변이가 심한 코로나바이러스감염증이라는 점도 백신 개발 전망을 어둡게 하는 요인이다. 현재 유행하는 바이러스에 맞춰 백신을 개발하더라도 변이가 생기면 백신 효과가 떨어질 위험이 높기 때문이다. 코로나19 유행 상황이 갑자기 멈춰 백신 수요가 사라지는 것도 개발 기업들에는 부담이다. 백신 개발 프로그램이 민관 협력 사업으로 진행되는 이유다. 권준욱 국립보건연구원장은 "코로나19와 관련해 세계에서 DNA 백신, RNA 백신, 유사체 백신 등의 연구를 진행하고 있지만 아직 백신 개발에 성공하지 못했다"며 "백신 개발은 상당히 험난하고 먼 길"이라고 했다.

03
갑자기 중요해진 개인 위생

"코로나19는 무증상이나 경증 상태에서도 은밀하게 타인을 전염 시키는 '스텔스 바이러스'다."

대한감염학회 이사장을 지낸 김우주 고려대구로병원 감염내과 교수는 코로나19 바이러스를 이렇게 평가했다. 눈으로 보이지 않는 데다 레이저, 적외선 등을 모두 피하는 스텔스 전투기처럼 방역망 을 교묘하게 피해가며 인류에 막대한 피해를 주고 있다는 의미다.

코로나19라는 신종 감염병은 각국의 방역망을 비웃으며 감염 범위를 확대하고 있다. 초기 중국에서 논란이 됐던 것은 무증상 감 염과 전파다. 환자가 늘면서 완치 판정을 받은 뒤 바이러스 검사에 서 다시 양성 판정을 받는 환자가 많아져 방역당국을 곤혹스럽게 했다. 종잡을 수 없는 바이러스 감염을 차단하기 위해 마스크를 쓰 고 수시로 손을 씻는 개인 위생이 중요해졌다. 코로나19가 인류에 새로운 '위생의 시대'를 열었다고 평가하는 이유다.

| 코로나19는 스텔스 바이러스 |

2020년 4월 7일 세계적 학술지 〈뉴잉글랜드저널오브메디슨(The New England Journal of Medicine)〉에 한국 코로나19 환자 특성을 분석한 한 편의 논문이 실렸다. 한국인이 쓴 코로나19 관련 논문이 〈뉴잉글랜드저널오브메디슨〉에 실린 것은 처음이다. 국내 초기 코로나19 환자 28명을 분석한 결과 무증상 감염자는 3명이었다. 비율로는 10%를 넘는다. 환자들은 스스로 코로나19에 감염됐다는 사실조차 모를 정도로 아무런 증상이 없었다. 코로나19 증상으로 알려진 발열, 기침, 인후통 등을 호소한 환자는 20명 정도였다.

감염 초기 발열 증상을 호소한 환자는 8명에 불과했다. 열을 재는 기존의 방역 시스템만으로는 코로나19를 막기 어렵다는 의미다. 송준영 고려대구로병원 감염내과 교수는 "코로나19는 다른 호흡기 감염질환과 증상이 비슷해 감별하기 어려울뿐더러 증상이 시작되는 시점이 모호하다"고 했다. 일선 병원에서 증상만으로 조기에 환자를 찾아내는 것은 불가능에 가깝다는 것이다.

코로나19 환자 진료 경험이 쌓이면서 지금은 무증상 감염과 전파가 정설로 받아들여졌다. 하지만 국내 유행 초기 전문가들은 무증상 전파 사실을 인정하지 않았다. 중국 보건당국이 무증상 감염 증거가 있다고 여러 차례 발표했지만 마찬가지였다. 대개 감염병은 증상이 시작된 뒤 다른 사람에게 퍼지는 것이 일반적이기 때문이다.

신종 바이러스가 몸속으로 들어오더라도 면역계는 이 바이러스가 싸워야 할 대상이라는 사실을 인지하지 못한다. 이를 이용해 바이러스는 세포 속에 들어가 유전체를 복제한다. 이후 세포 밖으로 우르르 퍼져나가면 면역계는 바이러스를 없애기 위한 대응을 한다. 체온을 높여 열을 내고 바이러스를 배출하기 위해 기침을 한다. 소화기 안에 있는 바이러스를 내보내기 위해 설사를 하는 것도 마찬가지다. 이런 증상이 나타나면 면역계가 바이러스 등의 병원체와 싸우고 있다는 의미다.

증상이 나타나기 전까지의 기간을 잠복기라고 한다. 잠복기는 사람의 면역 상태, 바이러스의 전파 형태 등에 따라 달라진다. 코로나19의 잠복기는 3~7일 정도다. 일반적인 감염병은 잠복기를 거쳐 증상이 나타난 이후부터 감염력이 있다고 판단한다. 방역당국도 이때부터 환자를 격리한다. 증상이 시작된 뒤 만난 사람을 접촉자로 분류하는 것이 일반적이다.

코로나19는 달랐다. 증상이 시작되기 이틀 전에도 바이러스가 배출됐다. 환자 스스로 감염됐다는 사실조차 모르는 순간에도 다른 사람에게 바이러스를 전파할 수 있다는 의미다. 질병관리본부 등은 코로나19가 확산되면서 차차 접촉자의 범위를 이에 맞춰 바꿨다. 초기에는 증상이 시작된 뒤 만난 사람만 격리했지만 이후 증상 발생 하루 전 만난 사람까지 확대했다. 2020년 4월 20일경부터 질병관리본부는 확진자가 나오면 증상 시작 이틀 전 만난 사람까지 접촉자로 분류했다. 코로나19가 유행한 지 3개월 지나 이뤄진 조치다.

그만큼 코로나19를 막는 데 마스크를 일상적으로 쓰는 것이 효과적이라는 의미가 된다. 한국에서 코로나19가 유행하던 초기부터 질병관리본부는 '마스크 착용'을 강조했다. 미국 CDC, WHO 등이 '증상이 있는 사람만 마스크를 쓰라'고 권고했던 것과 대조적이다. 코로나19의 유행 양상을 알았기 때문에 이런 조치를 했던 것은 아니다. 정은경 질병관리본부장은 "한국과 외국은 인구 밀도 등이 다르기 때문에 마스크 착용이 효과적"이라고 했다. 한국의 방역 방식이 효과를 거두면서 CDC 등도 마스크 착용을 권고했다. 한국에서 마스크가 밀집된 장소를 갈 때 꼭 착용해야 하는 필수품이 된 뒤다.

| 개인 위생 수칙 중요성이 커지다 |

인류의 목숨을 위협했던 감염병은 삶의 질을 한 단계 업그레이드시키는 계기가 되기도 했다. 1800년대 중반 영국에서 유행했던 콜레라는 세계 감염 역학의 역사를 새로 썼다. 당시 영국에서 콜레라에 감염돼 사망한 사람만 1만 5,000명에 이른다. 콜레라는 영국의 상수도망을 재정비하는 단초가 됐다. 런던에서 환자를 돌보던 의사 존 스노(John Snow)가 감염자를 역추적하다가 하수가 흘러들던 템스강을 감염원으로 지목하면서다.

코로나19는 손 씻기의 중요성을 일깨워줬다. 백신도 치료제도 없는 신종 감염병 시대를 대응하기 위해 사람들은 수시로 손을 씻었다. 알코올이 75% 정도 든 손세정제는 불티나게 팔려나갔다. 감염병 예방을 위해 손 씻는 습관이 문화처럼 자리 잡았다. 이는 바이러스 특성과도 관련이 있다.

사람 손에 묻은 바이러스는 대개 3시간 넘게 생존한다. 손에 묻은 바이러스는 눈, 입술, 코를 통해 몸속으로 들어온다. 얼굴을 자주 만지는 사람은 감염병에 취약하다는 연구 결과도 있다. 대한의사협회 등에 따르면 코로나바이러스는 에어로졸에서 3시간 이상 산다. 구리 표면에서 4시간, 마분지에서 24시간, 플라스틱이나 스테인리스 표면에서 2~3일간 감염력을 유지한다. 감염자가 손으로 입을 막고 기침을 한 뒤 이들 물체를 만지면 다른 사람에게 전파될 위험이 있다. 이를 환경 감염이라고 부른다.

콘택트렌즈 빼기 전과 끼기 전, 음식 차리기 전이나 먹기 전 손을 씻는 것은 무엇보다 중요하다. 바이러스를 예방하는 것은 물론 세균 감염도 막기 위해서다. 컴퓨터 키보드, 마우스 등도 감염원이 될 위험이 있다. 오래된 책이나 돈도 마찬가지다. 바이러스 표면을 둘러싼 단백질은 비누칠을 해 씻으면 파괴된다. 비누로 꼼꼼히 손을 씻는 습관이 중요하다. CDC 등은 흐르는 물에 비누를 이용해 30초 이상 씻는 것이 가장 효과적인 손 씻기 방법이라고 추천하고 있다. 식사할 때 말하지 않기, 개인식기를 사용하기 등도 중요한 위생 수칙 중 하나다.

정은경 질병관리본부장은 이렇게 말했다. "코로나19라는 위기는 보건의료 위기로 끝나는 게 아니라 사회·경제적으로 미치는 영향이 상당히 크다. 예전의 일상으로 돌아가는 것은 어렵다. 지속 가능한 새로운 일상을 준비해야 한다."

| 집단면역과 치사율 |

코로나19는 여전히 진행 중인 감염병이다. 하지만 대부분의 전문가들은 이 질환이 완전 종식되기는 어려울 것이라고 평가한다. 오명돈 서울대 의대 감염내과 교수는 "코로나19는 2015년 국내에서 유행한 메르스처럼 종식되지는 않을 것"이라고 했다. 장기전에 대비해야 한다는 취지다.

2015년 메르스는 국내서 186명의 감염자와 39명의 사망자를 내고 종식됐다. 치사율은 20% 정도다. 당시 국내 종식이 가능했던 이유는 중동을 제외하고는 메르스 유행이 한국에서만 이어졌기 때문이다.

전문가들이 코로나19 종식 전망을 비관적으로 바라보는 이유는 이 감염병이 국경을 넘어 전 세계에서 유행하고 있기 때문이다. 중국에서 시작된 뒤 바로 한국 등 아시아 지역으로 옮겨온 코로나19는 유럽, 미국을 넘어 남아메리카, 아프리카 대륙 등으로 영역을 확장하고 있다.

국지적으로 유행하는 감염병은 해당 국가에 마지막 확진자가 완치된 뒤 최대 잠복기인 14일이 지나면 종식됐다고 판단한다. 코로나19는 다르다. 국내 확진자가 사라지더라도 해외에서 환자가 유입되면 언제든 추가 유행이 시작될 위험이 있다. 유럽 등에서 집단면역이라는 개념이 떠오르는 이유다.

신종 감염병에 대한 면역력을 얻으려면 해당 감염병에 감염되거나 백신을 맞아야 한다. 코로나19는 백신이 없다. 이 때문에 면역을 얻는 방법은 걸린 뒤 회복하는 방법밖에 없다. 환자 1명이 평균 2.5명에게 전파하는 코로나19는 아무런 조치가 없다면 전체 인구의 60% 정도가 면역력을 얻어야 확산이 멈추게 된다. 무리 안에 해당 감염병에 대한 면역력이 있는 사람이 많아 감염병이 더 이상 퍼지지 않는 상태다.

물론 이때 감염자가 모두 병원을 찾아 급성기 치료를 받아야 한다는 의미는 아니다. 신종감염병 중앙임상위원회에 따르면 국내 환자의 80% 정도는 가볍게 앓고 지나가기 때문이다. 하지만 이렇게 모두 감염되도록 방치하는 방식은 큰 피해를 낳을 수 있다. 환자가 급증해 병원으로 몰리면 의료자원이 부족해지고 이 과정에서 사망률이 크게 높아질 위험이 있기 때문이다. 겨울마다 유행하는 계절 독감보다 코로나19의 파급력이 4배 정도 높다고 가정하면 국내 사망자는 2만 명에 이를 것이라는 진단도 나온다.

인구의 60%가 면역력을 얻으려면 국내서 3,076만 명이 감염돼야 한다. 국내 코로나19 치사율이 2%인 것을 고려하면 산술적으로 사망자는 약 60만 명으로 치솟는다. 환자 1명이 1.1명에게 전파하는 비율로 코로나19의 재생산지수를 낮춘다고 가정하면 인구의 9% 정도가 감염됐을 때 종식된다. 국내로 한정하면 감염자 수는 461만 4,226명, 사망자는 약 9만 명이다.

집단 내 감염자가 늘면 사망자가 많아져 큰 위협이 되지만 집단 면역 전략을 택해야 한다는 주장도 있다. 스웨덴 등에서 이뤄진 시도다. 코로나19와 싸워본 뒤 항체가 만들어진 사람이 많지 않다면 언제든 다시 유행할 수 있기 때문이다. 실제 1918년 스페인 독감은 봄철 1차 유행보다 가을철 2차 유행 때 사망자와 감염자가 더 많았다. 어렸을 때 지저분한 환경에 노출돼 A형 간염을 가볍게 앓은 뒤 항체가 만들어진 사람은 성인이 된 뒤 증상이 심한 A형 간염을 앓지 않게 된다는 위생 가설(hygiene hypothesis)과 비슷하다.

이런 모든 가정이 가능하려면 코로나19에 감염된 뒤 얻은 면역력이 평생 유지돼야 한다. 하지만 코로나19는 아직 이런 사실이 완벽히 증명되지 않았다. 완치자에게 생긴 코로나19 항체가 언제까지 유지되는지, 이 항체가 새로운 감염을 억제할 수 있는지 등은 아직 확인되지 않았다.

더욱이 코로나19는 돌연변이가 심한 코로나바이러스감염증이다. 이런 부분도 집단면역 시도가 실패로 끝날 가능성이 높다는 것을 부연한다. 대응할 수 있는 항체가 생기더라도 유행 바이러스가 돌연변이 때문에 달라지면 면역계가 이 바이러스를 새로운 바이러스로 인식할 가능성이 있기 때문이다. 백신이 개발되기 전까지 바이러스에 감염되지 않도록 개개인이 조심하는 방법밖에 없다. 이를 위한 기본은 손을 자주 씻고 마스크를 착용하는 것이다.

최근 코로나19 방역 지침을 사회적 거리두기에서 '생활 속 거리
두기'(생활 방역)로 전환하며 중앙재난안전대책본부가 개인 방역
5대 수칙을 발표했다. 개인의 청결 및 위생 유지의 중요성을 강조
하고 있다. 내용은 다음과 같다. 1) 아프면 3~4일 집에 머물기, 2)
사람과 사람 사이, 두 팔 간격 건강 거리두기, 3) 30초 손 씻기, 기
침은 옷소매, 4) 매일 2번 이상 환기, 주기적 소독, 5) 거리는 멀어
져도 마음은 가까이.

04

일상이 된 '사회적 거리두기'

1918년 제1차 세계대전 종전은 미국 국민에게 축복이자 재앙이 됐다. 대서양 너머 낯선 땅에서 목숨을 걸고 싸웠던 미군들은 당시 유럽에서 유행했던 스페인 독감과 함께 귀국했다. 파티, 퍼레이드 등 축제 분위기는 스페인 독감의 확산에 기름을 부었다.

필라델피아가 대표적이다. 귀환 환영 인파 20만 명이 필라델피아 중심부에 몰렸다. 퍼레이드에 참석한 참전 용사들은 술 마시고 노래하며 고향의 환대를 만끽했다.

필라델피아에서 약 1,400km 떨어진 세인트루이스는 조금 달랐다. 유럽에서 스페인 독감이 기승을 부린다는 소식을 접한 세인트루이스시는 법원, 학교 등 공공시설과 교회, 운동장 등 사람이 모일 만한 곳을 폐쇄했다. 전차 등 대중교통 이용을 막고 사람들도 무리 지어 다니지 못하게 했다. 당연히 참전 용사 환영 행사도 최소화했다.

결과는 극명하게 갈렸다. 필라델피아의 스페인 독감 사망자 수는 1만 2,500명까지 치솟았다. 반면 세인트루이스의 경우 700명에 그쳤다. 무엇이 두 도시의 운명을 갈랐을까. 우리가 지금 말하는 '사회적 거리두기'다.

100년 전의 교훈은 컸다. 코로나19가 창궐한 2020년에도 전 세계에선 사회적 거리두기가 진행 중이다. 접촉 최소화가 전방위적으로 실시되면서 정치, 경제, 사회 등 삶의 각 영역에서 변화가 일어나고 있다.

사회적 거리두기가 낳은 최고 히트 상품은 뭘까. 대부분의 사람들은 한국의 '드라이브스루(Drive-thru) 선별진료소'를 꼽을 것 같다. 맥도날드, 스타벅스 같은 미국 프랜차이즈의 드라이브스루 주문을 본떠 만든 한국의 드라이브스루 선별진료소는 전 세계로 수출되는 쾌거를 이뤘다. 2020년 3월 6일 한국의 드라이브스루에 대해 "효과적이지 않다"고 평가절하했던 도널드 트럼프 미국 대통령은 일주일 뒤 전격 도입 의사를 나타냈다.

인기 비결은 간단하다. '거리두기'가 가능하기 때문이다. 햄버거 세트와 콘샐러드 따위를 운전석에 앉아서 주문하고 받을 수 있는 패스트푸드점의 드라이브스루처럼 드라이브스루 선별진료소도 차 안에서 코로나19 검사가 가능하다.

드라이브스루는 곳곳에서 응용되고 있다. 한국에선 '회 드라이브스루'가 히트를 치고 있다. 쉽게 말해 수산업협동조합 직원들이 가게 밖 도로로 나와 포장한 회를 파는 것이다. 전국적으로 확대되면서 지방자치단체들 간엔 향토 특산물 드라이브스루 판매장을 개설하는 경쟁이 벌어지기도 했다.

| 사회적 거리두기로 일상이 변하다 |

드라이브스루는 하나의 사례일 뿐이다. 코로나19로 인한 사회적 거리두기는 우리 삶의 많은 부분을 바꿔놓고 있다. 일상생활만 봐도 그렇다. 지하철 이용자가 눈에 띄게 줄었다. 코로나19가 본격 확산되기 전인 2월 초까지만 해도 출퇴근길은 말 그대로 '지옥철'이었다. 두 달이 지난 4월 지하철 사정은 다르다. 편하게 앉아가는 정도는 아니지만 사람과 사람 사이에 포개져 가는 상황은 면할 수 있다. 숫자로도 나타난다. 서울시에 따르면 4월 1~19일 서울 대중교통 이용객은 전월 대비 28.3% 감소했다.

다른 사람과 접촉하길 꺼리는 사람들이 증가한 영향이 크다. KF-94 마스크로 호흡기를 가려도 대중교통에서 옆자리에 사람이 앉으면 마음이 불편하다고 호소하는 사람들도 늘었다. 옆자리에 앉은 사람이 스마트폰으로 "굳이 옆에 와서 앉냐"고 이야기하는 걸 들은 뒤부터, 대중교통에서 서서 간다는 인터넷 카페 글은 많은 사람들의 공감을 얻었다. 마스크를 썼더라도 재채기나 기침이라도 하는 날이면 주변 사람들의 따가운 눈총을 받게 된다. 그래서 어려움을 겪고 있는 게 영화관이다. 사람과의 접촉에 대한 두려움 때문에 전국 영화관은 코로나19 확산 이후 파리만 날리고 있다. 그 자리를 자동차 영화관이나 인터넷 TV, 온라인 스트리밍 영화가 대신하고 있지만 '큰 스크린에서 터져나오는 웅장한 사운드'를 잊지 못하는 사람들의 아쉬움은 커져만 간다.

공중질서도 변화하는 조짐이 보인다. 횡단보도 주변을 봐도 그렇다. 코로나19 이전엔 1초라도 먼저 건너기 위해 도로와 가장 가까운 자리에 몰려 서 있는 모습을 쉽게 볼 수 있었다. 지금은 사람들이 간격을 두고 넓게 방사형으로 퍼져서 서 있다. 공중화장실 사용과 관련해서도 한창 시끄러웠다. 사회적 거리두기를 진행하는 마당에 화장실을 타인과 공유하는 게 말이 되느냐는 얘기가 나왔기 때문이다.

| 직장문화도 달라지고 있다 |

직장문화도 거리를 두는 쪽으로 변하고 있다. 구내식당부터 변하고 있다. 국내 1위 기업 삼성전자가 먼저 시작했다. 보통의 직장인 점심시간을 상상해보자. 같은 부서 또는 팀원들이 삼삼오오 테이블에 마주보고 앉아 잡담을 나눌 것이다. 상사의 식사 속도에 맞춰 숟가락을 움직이다가 다 함께 일어선다. 근처 프랜차이즈 커피숍에서 커피 한 잔씩을 들고 회사 주변을 걷는다. 이게 일반적인 모습이었다.

지금은 바뀌었다. 코로나19가 한창이던 2020년 3월 직장인들이 자주 방문하는 인터넷 카페엔 대기업 구내식당의 모습을 묘사하는 글이 종종 올라왔다. 이른바 '한 줄 식사'다. 비말이 튀기는 것을 방지하기 위해 한쪽 방향만 보고 식사를 하게 한 것이다. 회사 구내식당 중엔 마주보고 식사할 수 있는 곳이 아직 있다. 물론 예전과는 다르다. 투명 플라스틱 칸막이를 쳐서 침이 튀기는 걸 완전히 차단한 경우다.

국내 굴지의 대기업은 엘리베이터 바닥에 녹색 테이프로 칸을 만들어놓기도 했다고 한다. 사람들이 몰려서 타는 것을 방지하기 위해서다. 바닥에 그려진 한 칸에 한 명 씩 타서 적정 인원이 차면 더 태우지 않는다. 그래서 출퇴근 시간엔 엘리베이터 앞에 긴 줄이 늘어선다고 한다. 불편하지만 어쩔 수 없다는 게 샐러리맨들의 한결같은 얘기다. '조금 힘든 게 코로나19에 걸려 고생하고 직장에도 폐를 끼치는 것보다 100배 낫다'는 생각 때문이다.

자연스럽게 회식은 정지 상태다. 직장인들 사이에선 '코로나19 이후 그나마 좋아진 게 회식을 안 하는 것'이란 얘기가 나온다. 불똥이 튄 건 소상공인들이다. 서울 도심이나 각 지역 공단 등 직장인들이 많은 곳 주변에서 식당을 하는 점주들은 힘들다는 얘기를 쏟아낸다.

| 운동장에서 채용하고 온라인으로 예배 보고 |

평소 같았으면 상상하기도 힘든 일이 벌어지기도 한다. 2020년 4월 4일 한국에선 해외 토픽에 나올 법한 채용시험이 진행됐다. 지역공기업인 안산도시공사가 프로축구가 열리는 안산의 와스타디움에서 야외 채용시험을 실시했기 때문이다. 이날 시험이 실시된 국제규격 축구 경기장엔 책상과 의자가 2m 이상 간격을 두고 배치됐고 수험생은 다소 쌀쌀한 날씨에도 손을 호호 불어가며 필기시험을 치렀다.

한국뿐만 아니라 전 세계에서 프로스포츠 경기도 줄줄이 취소됐다. 손흥민 선수의 활약으로 한국 축구팬들의 밤잠을 설치게 했던 영국 프리미어리그 축구경기, 류현진 선수의 팀 이적으로 관심이 더욱 커진 미국 메이저리그 야구경기는 3월 이후 잠정 중단된 상태다. 한국도 마찬가지다. 평소 같았으면 초반 레이스로 예열이 됐을 KBO 프로야구리그도 2020년 4월 23일 무관중 시범경기를 겨우 시작했다. 경기를 시작했다는 것 자체도 전 세계 주요 국가 프로스포츠 중 처음이라서 세계적인 신문에 대서특필되기도 했다. 〈월스트리트저널〉이 4월 22일자 1면 사진에 무관중 한국 프로야구 경기 현장 사진을 넣고 "5월 5일부터 한국 프로야구 정규리그가 무관중 경기로 시작된다"고 보도한 게 대표적이다. 스포츠의 나라 미국의 스포츠 전문 방송사 〈ESPN〉은 한국의 프로야구 경기를 생중계하고 싶다며 중계 가능 여부를 문의해오기도 했다.

종교행사도 온라인으로 진행된다. 코로나19가 본격 확산되기 시작한 2월 말부터 각종 미사와 법회를 중단한 천주교와 불교는 4월 말이 돼서야 현장 행사를 재개할 움직임을 보이고 있다. 그동안 오프라인 집회를 대신한 것은 온라인 행사다. 지금까지 각 종교는 케이블 TV를 통해 종교의식을 방송하기도 했다. 하지만 많은 사람이 한정된 장소에 몰려 앉는 종교행사가 코로나19 확산의 주요 원인으로 꼽히면서 온라인 의식이 본격적으로 실시됐다.

| 거리두기의 부작용은? |

이렇게 사회적 거리두기는 사회 곳곳의 모습을 바꿔놓았다. 코로나19의 확산을 막기 위해 사람들은 두 달 가까이 정부의 지침을 비교적 충실하게 지켰다. 일각에선 서서히 피로감을 호소하는 목소리도 나오고 있다. '이렇게까지 해야 하는지 모르겠다'는 불만이다.

사람들이 잃은 것도 적지 않기 때문이다. 봄맞이 행사가 줄줄이 취소되면서 사람들은 자연과 어울릴 수 있는 기회를 박탈당했다. 서울의 예만 봐도, 송파 석촌호수와 여의도 윤중로 등이 통제되면서 시민들은 흐드러지게 핀 벚꽃을 먼발치에서 바라볼 수밖에 없었다. 지역 축제가 연일 취소되면서 지역 소상공인들의 시름도 깊어졌다. 사회적 거리두기는 사람들의 경제활동에도 지장을 주고 있다.

사회적 거리두기를 노골적으로 지키지 않는 사람들에 대해선 국가나 사회가 어느 수준까지 대응해야 할지 고민도 필요하다. 3월 미국 〈CBS〉는 젊은이들이 수영복 차림으로 몰려 있는 플로리다 해변을 보여주면서 "팬데믹에 신경 쓰지 않는 듯하다"고 지적했다. 한국의 모습도 크게 다르지 않다. 사회적 거리두기에 아랑곳하지 않고 서울 강남과 홍대 일대 클럽에서 음주가무를 즐기는 사람들을 찍은 사진이 인터넷 상에 떠돌기도 했다. 한국에선 정부가 클럽 같은 대중이용시설의 영업을 고강도 사회적 거리두기를 명목으로 임시 중단시키긴 했지만 '과도한 사적활동 침해'가 아닌지에 대한 논란은 아직도 진행형이다.

사회적 거리두기에 소홀한 공인들에게 마녀사냥식의 공격이 진행되는 것도 생각해볼 이슈로 꼽는다. 사회적 거리두기에 지친 사람들이 잠깐의 일탈 정도로 공원이나 관광지에 가는 것이 만인의 지탄을 받을 만한 행동이냐는 것이다. 최근 국내에선 연예인들이 비난의 화살을 주로 받고 있다. 마스크를 썼음에도 불구하고 한강 둔치에 나가 사진을 찍었다는 이유로 비난을 받은 아이돌 가수 출신 사업가, 다른 방문객들과 접촉이 거의 없는 콘도로 가족여행을 다녀왔다는 이유로 네티즌들과 설전을 벌인 뒤 공개 사과를 한 아나운서 등이 대표적인 사례다. 이들은 클럽, 해변 등에서 즐긴 사람들과는 다소 결이 다르다는 동정론도 나온다.

05

빠르게 자리 잡아가는 재택근무

직장인 A씨는 오전 8시 50분 거실에서 놀고 있는 아이들에게 "아빠 출근한다"고 말하고 노트북과 스마트폰을 챙겨 서재에 들어갔다. 컴퓨터를 켜 VDI(virtual desktop infrastructure, 데스크톱 가상화) 기반 클라우드 시스템인 마이데스크에 접속했다. 하루 업무가 시작됐다.

사내 메신저인 네이트온비즈로 남겨진 일정을 확인하면서 업무에 돌입했다. 오전 10시에는 부서 팀장, 다른 부원과 화상회의를 진행했다. 점심식사는 배달 음식으로 해결한 A씨는 사내 메신저로 동료에게 안부를 물어보면서 오후 근무를 준비했다. 메신저로 설명이 힘든 업무 내용은 전화 또는 화상 채팅으로 전달했다. 오후 6시. A씨는 동료들과 그날 업무일지를 공유하며 '이만 들어가겠다'는 메시지를 남기고 컴퓨터를 껐다. 퇴근이다.

이런 A씨의 하루는 미래의 직장인 모습을 상상한 것이 아니다.

2020년 2월 25일부터 한 달 넘게 재택근무를 실시한 SK텔레콤 직원들의 실제 근무 모습을 재구성했다.

| 집의 개념이 바뀌다 |

코로나19 사태는 집의 개념을 바꿔놓았다. 이제까지 집은 가족과 함께하는 휴식의 공간이었다. 하지만 코로나 시대에 집은 사무실의 기능도 함께한다. 사무실이 일시적으로 문을 닫거나 기업들이 조를 짜 재택근무에 들어가면서 기능도 바뀌고 있다. 이른바 '홈오피스'(home office)다. 재택근무가 확산되면서 직장인은 노트북과 스마트폰으로 집에서 업무를 처리한다. 학생들은 집에서 노트북, 태블릿PC로 학교 선생님과 학원 교사의 수업을 듣는다.

재택근무가 최근 새로 생겨난 근무 방식은 아니다. 통계청에 따르면 2019년 8월 기준 재택·원격 근무를 경험한 근로자는 9만 5,000명으로 집계됐다. 전체 유연근무제 임금근로자의 4.3%에 해당되는 규모다. 미국에선 2017년 기준 전체 근로자의 3%가 완전히 재택근무를 하고 있다는 게 인구조사국의 통계다.

코로나19는 재택근무를 일상화하는 계기가 됐다. 직장인 익명 게시판 애플리케이션인 블라인드와 온라인 취미 플랫폼 마이비스킷은 코로나19가 확산된 이후인 2020년 3월 20일부터 25일까지 직장인 8,827명을 대상으로 설문조사를 실시했다. 그 결과 절반이 넘는 57.6%가 '재택근무 경험이 있다'고 응답했다. SK 텔레콤 직원 4,000여 명, 네이버 직원 3,000어 명 등은 이번에 처음으로 한 달 정도 재택근무 내지 또는 원격근무로 업무를 처리했다.

늘어나는 재택 및 원격근무 국내 근로자

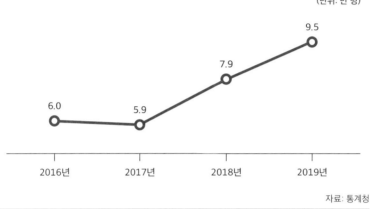

(단위: 만 명)

자료: 통계청

재택근무의 효율성과 만족도를 높인 것은 IT 기술이다. 일명 IT 협업 도구들이 최근 각광받는 이유다. 그룹메신저, 원격회의 시스템, 업무 관리, 원격 PC제어 등이 대표적이다. 다양한 협업 도구의 도움을 받으면 출근한 것과 크게 다르지 않은 업무 환경이 만들어진다는 게 업계의 설명이다. 직원 수가 15명인 온라인 교육 스타트업 스터디파이는 전원이 2년째 재택근무를 하고 있다. 직원끼리 소통은 메신저 슬랙(Slack)을 이용한다. 화상회의 때는 회상회의 소프트웨어 구글(Google)의 미트(Meet)와 줌(Zoom)을 활용한다. 직원들의 업무 관리를 위해서는 업무 관리 프로그램 아사나가 동원된다. 김태우 스터디파이 대표는 "최근 관련 소프트웨어 성능이 좋아 창업 때부터 2년째 재택근무를 실시하고 있다"고 말했다.

미국에서도 재택근무가 늘었다. 미국에서 코로나19 환자가 가장 많이 발생한 뉴욕주는 2020년 3월 현장 근무가 반드시 필요한 사업장을 제외하고 전원 재택근무 명령을 내렸다. 기업들도 동참했다. 구글은 비슷한 시기에 시애틀의 직원들에게 재택근무를 권고했다. 아마존(Amazon)도 일부 직원이 코로나19 확진 판정을 받자 재택근무를 확대했다. 페이스북(Facebook)은 한때 시애틀 사무실을 폐쇄했다. 애플(Apple)은 미국뿐만 아니라 한국, 일본, 이탈리아, 독일, 프랑스, 스위스, 영국 등에서 근무하는 직원에게도 재택근무를 권고했다.

재택근무가 IT 업체에 국한된 것은 아니다. 은행 등 금융회사도 조를 짜 재택근무를 하고 있다. 재택근무를 준비하는 공무원도 급증하고 있다. 행정안전부 산하 국가정보관리원에 따르면 공무원 재택근무를 위해 필요한 정부원격근무서비스(GVPN) 가입자가 2019년 말 1만 9,425명에서 2020년 상반기 8만 명 이상으로 약 네 배 증가했다.

| 재택근무 선호도 높아지다 |

많은 기업은 재택근무의 상시 운영 가능성에 주목하고 있다. 코로나19가 아니더라도 언제든 사무실이 셧다운될 수 있기 때문이다. 업무가 끊기지 않도록 하기 위해선 회사 외부 근무조를 어느 정도 유지해야 한다고 보고 있다. 페이스북은 2020년 여름까지는 적어도 재택근무를 유지하겠다는 계획이다. 마크 저커버그 페이스북 최고경영자(CEO)는 "많은 직원들이 재택근무를 하면서 효율적으로 성과를 내고 있다"고 말했다.

재택근무를 먼저 도입한 기업은 대체로 만족스럽다는 반응을 내놨다. SK텔레콤이 최근 직원을 대상으로 설문조사한 결과 재택근무에 대해 '평소와 비슷하거나 더 효율적'이라는 답변이 63.7%였다. 불필요한 회의를 줄이고 업무에 집중할 수 있어 오히려 생산성 향상에 도움이 된다는 의견도 많다.

이렇게 실제 재택근무를 해본 기업과 근로자들의 평가가 좋다는 점도 재택근무 확산을 뒷받침하고 있다. 필요한 의견만 교환하기 때문에 '업무 군살'이 줄었다는 의견이 많았다. 게임사에 다니는 B씨는 "회의를 위한 회의가 사라졌고 업무에 도움이 되지 않은 잔업이 줄었다"고 말했다.

관리자 입장에서는 직원의 업무 관리가 섬세해졌다. 리서치업체에 다니는 부장 직급의 C씨는 "같은 사무실에서 일을 하지 않으니 관리 차원에서라도 매일 직원들에게 하루 근무 계획을 받아 점검하고 있다"고 전했다. 회사 입장에선 각종 비용도 아낄 수 있다. 전기요금, 사무용품과 탕비용품 비용 등이 줄어든다. 출근자가 크게 줄면 큰 사옥을 유지할 필요도 없다. 스터디파이는 관련 비용으로 연간 1억 원 정도를 절감하고 있다. 한 홍보대행사는 최근 재택근무를 활성화한 이후 비용을 분석해보니 사무실 유지 비용을 줄여 직원을 상당수 더 뽑을 수 있다는 결론을 도출했다. 이 회사 임원 D씨는 "직원을 더 뽑겠다고 하니 일손이 부족했던 부서들의 사기도 높아지고 있다"고 말했다.

세계 최대 자산운용사인 블랙록(BlackRock)의 CEO 래리 핑크는 "코로나19가 사라진다 해도 상당수 기업이 예전처럼 모든 직원을 출근시키지는 않을 것"이라며 "이런 트렌드는 도심 혼잡도를 줄이고 상업용 부동산 가치는 상당히 떨어지는 결과로 이어질 것"이라고 전망했다.

한편, 미국에선 재택근무가 근로자의 근무 시간을 증가시켰다는 조사 결과도 나왔다. 직원들이 집에서 일한다고 해서 일하는 시간이 줄어들기는커녕 오히려 늘었다는 얘기다. 보안용 가상사설망(VPN) 서비스업체 노드VPN(NordVPN)이 미국의 봉쇄령이 본격화된 2020년 3월 중순부터 6주간 직장인 인터넷 사용 현황을 분석해보니 봉쇄 이전보다 3시간가량 VPN 접속 시간이 증가했다. 프랑스, 스페인, 영국 등 다른 나라들도 마찬가지였다. 재택근무를 하는 직장인들 대부분이 업무를 시작하는 오전 9시에 대량으로 이메일을 보내고, 다시 밤 12시부터 새벽 3시 사이에 이메일을 자주 보낸다는 집계도 나왔다. 집안일을 마치고 다시 일을 시작하는 경우가 많다는 뜻이라고 노드VPN은 분석했다.

인력 확보에도 도움이 된다. 육아와 일을 병행해야 하는 우수 인력을 고용할 수 있다. 최근 일부 통신사, 인터넷기업, 게임업체 등이 재택근무를 연장 내지 계속 활용할 수 있도록 내부 방침을 정한 것도 직원의 자녀들이 온라인 개학을 앞두고 있어서다. 인력 확보가 어려운 스타트업에서는 재택근무가 이미 필수 근무 방식으로 자리를 잡았다. 코니 아기띠로 유명한 스타트업 코니바이에린은 육아 때문에 전업 주부가 된 전직 워킹맘, 해외 거주 디자이너 등으로 회사를 꾸려 창업 2년 만인 2019년 매출 150억 원을 올렸다. 모두 원격근무로 업무를 처리하고 있다.

| 근본적으로 변화할 기업 노무 관리, 성과평가 |

재택근무를 중심으로 한 유연근로제 확대는 주 52시간 근로제를 비롯해 노동 시간을 중심으로 한 규제가 힘을 잃는다는 것을 뜻한다. 회사 바깥에서 개인 사정에 맞춰 자유롭게 업무를 하는 만큼 근로 시간의 시작과 끝을 규정하기가 어려워져서다. 이에 따라 일한 양을 평가하는 기준도 근로 시간이 아니라 해결한 과업의 수를 중심으로 재편되고 있다.

근로자 급여 지급 기준도 시간이 아니라 성과를 중심으로 바뀔 전망이다. 재택근무 등을 통한 회사와 직원 사이의 업무 소통 과정에서 회사 측 요구사항과 직원의 업무 실행 내역이 투명하게 드러나기 때문이다. 연공서열을 중심으로 급여를 책정하는 연봉제는 몇 년 안에 완전히 사라질 것이라는 예측도 나온다. 문병순 KT경제연구소 연구위원은 "재택근무 확산으로 보상 체계는 크게 바뀔 것"이라며 "기존의 호봉제는 사람들을 모아놓고 관리하는 시스템에서만 가능하기 때문에 기업들은 성과 중심의 연봉제를 택할 것"이라고 전망했다.

유연근무제를 경험한 기업이 늘면서 외주를 주는 업무의 범위도 넓어지고 있다. 회사 밖에서도 일정 수준 이상의 업무 효율을 낼 수 있다는 점이 확인되면서 외주 범위가 마케팅과 인사, 총무 등으로 확대되고 있다. 실리콘밸리의 관련 플랫폼 운영사인 업워크(Upwork)는 최근 추가 채용에 나섰다.

이 같은 변화 과정에서 노동계의 반발이 예상되지만 큰 힘을 얻지는 못할 전망이다. 사회적 위기 상황에서 필요에 따라 노동 시장 및 관련 시스템에 새로운 질서가 부여되고 있어서다. 코로나19 확산에 따라 정부가 방역업체와 마스크 제조업체 등을 특별연장 근로 업종으로 지정한 것에 대해 양대 노총이 행정소송을 제기했지만 큰 이목을 끌지 못한 것이 단적인 예다. 1998년 외환위기 수습 과정에서 파견 및 구조조정 관련 법안 입법에 노동계가 큰 목소리를 내지 못했던 것과 같은 맥락이다.

박지순 고려대학교 법학전문대학원 교수는 "코로나19로 '일어나는 산업'에는 더 많은 인력이 효율적으로 일하게 하고, '저무는 산업'의 근로자들이 그쪽으로 쉽게 이동할 수 있도록 해야 한다"며 "여기에 맞춰 기존 규제와 시스템이 바뀌지 않으면 그 국가와 경제 시스템이 함께 도태할 수 있다"고 진단했다.

06
학교에 가지 않는
'홈에듀케이션'의 시대

코로나19는 성인들의 삶만 바꿔놓은 게 아니다. 학생들의 일상생활도 바꿔놨다. 사상 초유의 온라인 개학·개강이 실시된 것이다. 코로나19 확산으로 미래의 일이라고만 여겨졌던 원격수업이 초·중·고등학교부터 대학교까지 이뤄지게 된 것이다. 유은혜 부총리 겸 교육부장관은 2020년 4월 10일 온라인 개학 상황실에서 "온라인 개학이 미래교육을 앞당기는 좋은 기회"라고 말했다. 하지만 준비되지 않고 갑작스레 찾아온 '미래'는 학생, 학부모, 교사, 교수 모두에게 혼란스러울 뿐이었다.

| 대학에서 먼저 시작된 온라인 강의 |

원격수업의 문은 대학부터 열었다. 서울대·고려대·이화여대·국민대·중앙대 등 서울 주요 대학들이 2020년 3월 16일부터 1학기 수업을 온라인으로 시작했다. 화면에는 학생들이 없는 빈 강의실에서 온라인 강의를 시작하는 교수들의 모습이 비쳤다. 수업을 들으려는 학생들이 일시적으로 몰리다 보니 대학 곳곳에선 온라인 강의용 서버가 다운되는 일도 발생했다. 이날 고려대·국민대·중앙대·서울시립대·한국외국어대 등 대학의 온라인 서버가 일시적으로 다운됐다.

대학생들의 불만은 폭주했다. 오래된 녹화자료와 과제로 때우는 교수와 현저하게 질이 떨어지는 온라인 수업에 대한 비판이 나왔다. 수도권 대학 2학년에 재학 중인 한 학생은 "라이브로 수업을 진행한다고 하신 교수님이 스트리밍 주소도 보내주지 않아 당황한 적도 있다"고 했다. 대학교 커뮤니티 에브리타임에선 화상 수업에서 잡음이 섞여 수업이 제대로 들리지 않았다는 증언이 속출했다. 페이스북 페이지 '연세대학교 대나무숲'에선 "학생들이 만든 PPT보다 부실한데 우리 수업만 이러냐"는 불만을 표하는 게시글이 올라오기도 했다.

도서관 등 학교 시설을 제대로 이용하지 못하는데 등록금을 받아가는 게 맞느냐는 지적도 등장했다. 전국 27개 대학 총학생회가 참여한 전국대학학생회네트워크(전대넷)는 4월 21일 정부서울청사 앞에서 기자회견을 열고 "교육부의 늑장 대응이 학생들의 재난 상황을 더욱 심각하게 만들었다"며 "99%의 대학생들이 바라는 대로 상반기 등록금을 반환해야 한다"고 주장했다.

전대넷이 이날 공개한 전국 203개 대학 2만 1,784명 학생 대상 설문조사에 따르면 응답자의 99.2%인 2만 1,607명이 '등록금 반환이 필요하다'고 답했다. 학생들은 '원격수업(온라인 강의)의 질이 떨어진다', '학교시설 이용이 불가능하다' 등을 등록금 반환 요구 이유로 꼽았다. 박소연 전국교육대학생연합 사무국장은 "어떤 교수는 정작 수업하는 건 10~20분인데 한 시간 이상 소요되는 과제를 서너 개씩 내주기도 한다"고 설명했다. 등록금 반환이 필요하다고 한 학생 중 55%는 상반기 등록금 중 절반을 반환해야 한다고 응답했고, 28.4%는 등록금의 20~30% 반환이 적절하다고 봤다. 9.5%는 전액 반환을 해야 한다고 답했다.

'20% 룰'에 걸려 있던 대학들이 제대로 된 온라인 강의를 내놓긴 어렵다는 지적도 나왔다. 그간 일반 대학들은 전체 교과목 중 온라인 강의의 비중을 20% 이상 구성할 수 없다는 규정 때문에 온라인 강의 제작에 대한 준비가 부족했던 게 사실이다. 온라인 강의를 제작하기 위해선 스튜디오와 카메라 등 인프라를 구축하고, 편집을 담당할 인력도 새롭게 채용해야 한다. 모든 학생에게 끊김 없이 강의를 제공하기 위해선 서버 확장도 필요하다. 장애 학생이 불편을 느끼지 않도록 온라인 강의에 수어 통역이나 속기 등도 함께 제공해야 하는데 단기간에 이를 모두 충족하긴 어려웠다. 교수들 중에선 "오프라인 수업에 맞춰진 커리큘럼을 급하게 온라인 수업으로 하다 보니 교수 부담도 크고 학생들의 불만이 많아질 수밖에 없다. 이번 기회에 온라인 교육을 고려한 고등교육 체계를 만들어야 한다"고 주장하는 사람들이 늘기 시작했다.

잇따른 등록금 환불 요구에 일부 대학들은 5월부터 단계적으로
오프라인 개강을 준비하기 시작했다. 초·중·고교 등교 개학 시기
에 맞춘다는 것이 내부 방침이다.

| 초 · 중 · 고 학생들의 삶도 바뀌었다 |

초·중·고등학교는 4월부터 단계적 온라인 개학을 개시했다. 9일에
는 고등학교 3학년과 중학교 3학년, 16일에는 고등학교 1~2학년,
중학교 1~2학년, 초등학교 4~6학년, 20일에는 초등학교 1~3학년
이 온라인으로 개학했다.

온라인 개학 첫날에는 우려했던 사고가 일어나기 시작했다. 첫
날부터 출석은 다 차지도 않았다. 9일 서울 마포구에 위치한 서울
여자고등학교 3학년 5반 학생 23명 가운데 영상회의 프로그램 줌
을 활용한 원격조회에 참여해 실시간으로 출석한 학생은 21명이
었다.

EBS 온라인클래스에서는 첫날부터 병목현상으로 접속 장애가
일어났다. 장애는 오전 9시부터 10시 15분까지 계속돼 많은 학생
이 오전 원격수업을 포기할 수밖에 없었다. 교사들이 준비한 수업
녹화 영상을 EBS 온라인클래스에 업로드하기도 어려웠다. 한 고
등학교 교사는 "오늘(4월 9일) 오전 7시에 EBS 온라인클래스에 용

량이 130MB 안팎인 다음 주 수업영상을 올리려고 했는데 두세 시간이 지나도 올라가지 않아 포기했다"고 말했다. 2차 개학일인 4월 16일에도 한국교육학술정보원(KERIS)이 운영하는 e학습터가 오전 9시께부터 로그인이 되지 않거나 동영상이 재생되지 않는 문제가 발생했다. KERIS가 운영하는 학급 커뮤니티인 위두랑도 접속 장애가 발생하면서 다수의 학생이 출석을 기록하는 데 불편을 겪어야 했다.

온라인 수업에 익숙하지 않은 교사들은 제작부터 수업 진행까지 진땀 빼는 모습을 보이기도 했다. 원격수업 시연을 진행한 중학교 수학 교사는 "45분 녹화영상을 제작하는 데 기획부터 편집, 구상까지 다섯 시간이 걸렸다"며 "한 주에 4개 수업을 소화하려면 주말도 쉴 틈이 없다"고 털어놓았다.

일부 교사들은 무조건 쌍방향 교육만을 강조해서는 안 된다고 목소리를 높였다. 온라인 원격수업은 교사와 학생이 실시간 화상 연결로 수업하는 '실시간 쌍방향형', EBS 콘텐츠나 교사가 녹화한 강의를 보는 '콘텐츠 활용형', 독후감 등 과제를 내주는 '과제 수행형' 등 3개 유형으로 진행된다. 한 교사는 "쌍방향 수업을 많이 할 수 있는 교사가 좋은 교사라는 건 편견"이라며 "수업의 성격과 아이들의 학습 속도에 따라 수업 방식을 결정하게 된다"고 설명했다.

일부 약삭빠른 학생들의 꼼수도 나타났다. EBS 온라인클래스를 수강하는 인터넷 브라우저에 특정 명령어를 입력해 순식간에 '수강완료' 상태로 만들거나, 매크로를 이용해 수강시간을 단축시키

는 식이다. EBS와 IT 기업들이 서둘러 조치를 취해 꼼수를 막기도
했다.

　3차 개학까지 진행된 4월 4주차부터는 큰 접속장애 사고는 일어
나지 않았다. 교육부는 선진국보다 나은 원격수업을 하고 있다고
주장했다. 원격수업이 수시로 먹통이 되는 현상은 국내만의 일은
아니어서다. 교육부에 따르면 미국은 3월 말부터 원격수업을 실시
하고 있다. 학습자료를 제공하고 과제를 부여하는 형식으로 주로
진행되며 쌍방향 수업도 이뤄진다. 로스앤젤레스에서는 초등학생
의 40%가 원격수업 접속에 어려움을 겪은 것으로 알려졌다. 프랑
스도 약 5~8% 학생들이 원격수업에 제대로 접속하지 못하는 문제
가 발생했다. 무기한 휴교에 들어간 프랑스는 대입자격시험인 바
칼로레아를 부분 취소하고 내신성적 등으로 대체하기로 발표했다.
등교 개학 후 집단감염 발병으로 다시 재택학습으로 전환한 싱가
포르는 학생들에게 온라인 학습자료와 인쇄물 등을 제공해 과제를
수행하게 하고 교직원이 학습 진도를 매일 점검하는 형태로 수업
을 이어가고 있다.

| 부담이 커진 학부모와 선생님 |

학교를 가지 않는 아이들을 돌보는 학부모들의 부담이 커졌다. 특
히 학습보조가 절대적으로 필요한 초등학교 저학년생들은 부모

의 도움이 꼭 필요한 상황이다. '엄마 개학'이라는 단어까지 나왔다. 실제로 '워킹맘'의 어깨가 더 무거워졌다는 조사 결과가 나오기도 했다. 육아정책연구소가 영유아 자녀가 있는 부모 97명을 대상으로 실시한 긴급 조사에 따르면 자녀 돌봄을 위해 휴가나 재택근무를 사용하는 비율은 남성보다 여성이 더 높았다. 코로나19 전후를 비교했을 때 무급휴가를 사용했다는 비율은 여성이 42.9%인데 반해 남성은 8.1%였다. 2020년 도입된 가족돌봄휴가도 여성은 27.0%, 남성은 14.3%가 사용했다고 답했다.

돌봄의 정도를 5점 만점 기준으로 하면 부모의 돌봄은 코로나19 이전 3.01점에서 이후 3.69점으로, 조부모 돌봄 역시 2.07점에서 2.40점으로 상승했다. 특히 전적으로 돌본다는 응답은 코로나19 이전에 부모는 27.4%, 조부모는 8.43%였으나 이후에는 각각 47.7%, 16.5%로 2배 이상 늘었다. 연구진은 "코로나19가 장기화될수록 돌봄을 해결하지 못해 일을 그만두는 경우가 증가할 우려가 있어 자녀 양육 가구의 실업을 방지할 안정적인 돌봄, 고용 정책이 마련돼야 한다"고 지적했다.

교육부는 한국의 원격수업 도입 경험을 아랍에미리트에 공유했다고 자평했다. 물론 한국이 다른 나라보다 앞서가는 것은 사실이다. 그러나 현장 교사들의 불만이 쌓이고 있는 것 역시 사실이다. 하루에도 몇 시간씩 걸리는 수업 제작과 매일 도움을 청하는 학생과 학부모들 연락에 고통을 호소하는 교사들이 늘고 있다. 엄마들도 집에서 수업의 진도와 과제물까지 모든 단계를 챙겨줘야 하는

'보조교사' 상태다. 때문에 빨리 '진짜 개학'을 했으면 하는 게 교사들과 엄마들의 바람이다.

초상권을 우려하는 목소리도 많다. 실시간 화상 수업으로 언제든지 교사나 학생들의 얼굴이 캡처될 수 있기 때문이다. 불특정 다수에게 '얼평'(얼굴평가)을 당할 수 있는 것은 물론 '딥페이크'(인공지능 기술을 이용해 특정 인물의 얼굴 등을 영상이나 사진에 합성해 조작하는 것) 피해자가 될 가능성도 있다.

전국초등교사노동조합은 온라인 개학을 앞두고 교사 초상권 및 개인정보 침해 문제를 방지해달라는 입장을 4월 1일 냈다. 전국초등교사노조는 "이미 시범 수업 학교 교사 얼굴을 캡처해 불특정 다수가 이용하는 오픈 채팅방에 올린 사례가 발생했다"며 "캡처 후 딥페이크를 이용한 음란물을 만드는 문제를 막을 수 있는 명확한 대책을 교육부가 세워달라"고 강조했다.

성착취물이 제작·유포된 텔레그램 'n번방'에는 현직 교사 사진을 합성하고 능욕하는 '여교사방'이 운영됐다. 디스코드 등 다른 메신저를 통해 성착취물이 여전히 유포되고 있는 상황에서 또 다른 여교사방이 나타날 수도 있다.

그렇다고 해서, 녹화영상으로만 만들 수 있는 환경도 아니다. 현장 교사들 사이에서는 교육청 등 윗선이나 학부모들의 압박으로 실시간 화상 수업을 사실상 강요받고 있다는 목소리가 나온다.

07

개인의 프라이버시는
사라졌다

한국에 코로나19가 기승을 부렸던 2020년 2월. 인터넷과 SNS엔 '특정 지역 확진자 두 명이 불륜인 것 같다'는 글이 계속 돌았다. 남성 확진자와 여성 확진자가 같은 날 시차를 두고 동일한 숙박시설에 들어갔다가 다음 날 오전 30분 간격을 두고 체크아웃했다는 사실이 알려졌기 때문이다.

두 명의 사생활이 공개된 건 지방자치단체가 '확진자 동선 공개'를 통해 대중들에게 전파했기 때문이다. 'A교회 신도로 B버스로 출근해 퇴근 뒤 지하철을 타고 스타벅스를 이용했다'로 시작하는 알림 메시지엔 방문 지역, 커피숍 지점명과 시간까지, 동선 공개는 꽤나 자세하게 사람들에게 개인의 일상을 알린다. 네티즌들은 이를 토대로 '불륜이 확실하다'는 심증을 글로 적어 퍼날랐다. 코로나19 확진자 두 명은 얼굴도 모르는 수천만 사람들에게 가십거리로 하루 종일 씹혔다. 정말 둘은 불륜이었을까.

결과적으로 두 명은 불륜이 아니었다. 같은 숙박시설에 같은 날 들어갔다가 다음 날 일정 간격을 두고 나온 건 'A교회 청년부 모임'이 열렸기 때문이다. 다른 참가자들도 함께 묵었다는 사실이 지방자치단체 조사 결과 확인됐다. 상세한 정보를 공개한 지방자치단체와 네티즌들의 무리한 추측 때문에 확진자 두 명은 코로나19의 고통에 더해 심리적 압박을 받게 된 것이다.

| 프라이버시 vs 공공의 이익 |

프라이버시(privacy). 사람의 눈을 피한다는 라틴어 'privature'에서 유래한 단어다. '혼자 있을 권리'로 시작한 프라이버시의 법적인 개념이 법에 들어가게 된 것은 1800년대 후반 미국 보스턴에서 유능한 젊은 변호사로 이름을 떨쳤던 새뮤얼 워런(Samuel Warren)의 영향이 크다. 워런 부인도 유명한 상원의원이었기 때문에 부부의 일상은 신변잡기까지 지역 언론에 보도됐다. 여기에 염증을 느낀 워런 변호사는 훗날 미국 대법관까지 오른 친구 루이스 D. 브랜다이스(Louis D. Brandeis)와 프라이버시권에 대한 개념을 만들었다. 이 개념을 발전시켜 쓴 논문이 1890년 〈하버드로리뷰(Havard Law Review)〉를 통해 공개됐다. 현재 프라이버시권과 개인정보보호의 이론적 토대가 된 것이다.

최근엔 혼자 있을 권리를 뜻했던 프라이버시권이 '개인정보 자기결정권'으로 발전했다. 정보통신기술(ICT)의 발달로 개인정보에 대한 공개와 통제가 강화되는 트렌드에 맞서 개인의 사생활을 보호하기 위한 적극적인 권리를 뜻하는 말로 확장되고 있다.

개인의 프라이버시와 공공 이익의 충돌은 어제오늘의 일이 아니다. 최근 다시 전 세계적으로 이슈가 되고 있는 것은 코로나19 영향이 크다. 감염병이란 특성상 확진자와 접촉한 사람들을 이른 시점에 찾아내는 게 중요해지면서 개인의 프라이버시권을 충분히 보장하지 못하는 사례가 빈번하게 발생하고 있어서다.

죽고 사는 문제가 걸려서인지 아직까진 프라이버시보다 공공의 이익이 우선한다는 주장이 우세하다. 사생활 보호를 절대적으로 지지하는 미국인들조차 '정보 공개'에 대해 지지하고 있다. 미국 〈월스트리트저널〉의 2020년 3월 31일 보도를 보면 여론조사업체 해리스폴(Harris Poll)이 미국 성인 2,000명을 대상으로 조사한 결과 응답자의 60%가 정부의 스마트폰을 통한 위치추적을 지지하는 것으로 나타났다. 또 71%는 "코로나19에 감염된 것으로 의심되는 사람이 근처에 있을 경우 잠재적 노출에 대한 경고를 받기 위해 자신의 모바일 위치 데이터를 당국과 공유할 용의가 있다"고 답했다. 이웃이 코로나19에 감염됐는지 확인할 수 있는 공공 데이터베이스를 지지하는 응답자도 65%였고, 설문 대상자의 84%는 해변이나 공항 같은 공공장소에서 의무적으로 건강검사를 실시하는 것에 찬성했다.

| 한국의 투명한 정보 공개는 메르스의 교훈 |

미국인들조차 정보 공개에 찬성하고 있는 것은 한국의 영향이 크다. 유수 외신들은 한국 정부의 투명한 확진자 동선 공개가 코로나19 방역에 결정적인 원동력이 됐다는 보도를 쏟아내고 있다. 세계 최대 통신사 〈AP〉는 2020년 4월 "한국이 폐쇄나 영업 금지를 피할 수 있었던 이유 중 하나는 2015년 메르스와 싸웠던 경험에서 비롯된 공격적 진단 검사 실시와 접촉 의심자 추적 프로그램 덕분이었다"고 평가했다. 한국이 프라이버시 옹호론자들의 비난에도 불구하고 광범위한 개인정보를 코로나19 통제에 활용해 성공을 거두었다는 얘기다.

한국도 처음부터 정보 공개에 적극적이었던 건 아니다. 헌법 17조엔 '모든 국민은 사생활의 비밀과 자유를 침해받지 아니한다'라고 명시돼 있다. 개인정보보호법, 정보통신관련법 등에서도 프라이버시 관련 조항이 많다. 〈AP〉의 보도대로 메르스 사태 때 한국 정부는 '정보 공개가 불투명하다'는 질타를 받기도 했다. 2016년 정부는 〈메르스 백서〉를 펴냈고 이후 감염병 예방법을 개정해 정보공개 관련 규정을 좀 더 공격적으로 바꿨다. 프라이버시보단 공공의 이익을 우선하는 방향으로 전환됐다.

개정된 감염병예방법은 국민의 건강에 위해가 되는 감염병 확산 시 감염병 환자의 이동경로, 이동수단, 진료의료기관 및 접촉자 현황 등 국민들이 감염병 예방을 위해 알아야 하는 정보를 신속히 공개토록 하고 있다(제34조의2 제1항). 이를 위해 감염병환자 등 및 감염이 우려되는 사람의 성명 및 주민등록번호, 주소 및 전화번호(휴대전화 포함), 그리고 위치정보를 경찰청, 지방경찰청 및 경찰서의 장에게 요청할 수 있다(제76조의2). 또한 경찰로부터 이런 요청을 받은 위치정보사업자와 전기통신사업자는 정당한 사유가 없으면 이에 따라야 한다(제76조의2). 이를 근거로 진행된 광범위한 개인정보 공개가 투명한 방역의 토대가 된 것이다.

| 적극적으로 정보 공개에 나선 유럽 |

"한국 정부가 개인의 프라이버시를 침해한다"며 비판하던 유럽, 북미 국가들도 이제 정보 공개에 적극 나서고 있다. 유럽 내 코로나 확산의 도화선이 된 이탈리아 북부 롬바르디아주 정부는 개인의 스마트폰 위치 데이터를 통해 사람들이 이동금지령을 지키고 있는지 확인하고 있다. 영국, 독일 등 서유럽 국가들도 움직임에 나섰다. 확진자의 동선을 정확히 추적하기 위해 스마트폰 이동 데이터를 모으고 공유하기로 한 것이다. 유럽연합(EU) 데이터 보호 담당 부서는 "코로나19 팬데믹 단계에서만 실행되는 일시적인 조치"라고 설명했다.

다른 나라도 개인정보 수집에 적극적이다. 이스라엘은 테러 방지를 위해 쓰던 위치추적 시스템을 감염 가능성이 있는 시민들의 이동 감시에 쓰고 있다. 태국은 신규 입국자들에게 무료 심(SIM) 카드를 나눠주고 위치추적 애플리케이션을 설치하도록 강제한다. 전통적으로 정부의 통제가 강하기로 유명한 싱가포르는 트레이스 투게더란 애플리케이션을 정부가 배포했다. 이 애플리케이션은 블루투스 기술을 활용해 반경 2m 내 확진자가 있을 경우 사용자에게 경고를 보낸다.

미국에선 정부가 스마트폰 데이터 활용에 대해 공식적으로 밝히지 않았다. 하지만 미국 정부도 물밑에서 구글, 페이스북 등 첨단 IT 기업과 함께 미국인의 스마트폰을 통해 수집된 통합 위치 정보를 공중 보건 감시를 위해 활용하는 방안에 대해 이야기를 나누었다고 한다.

실제 구글과 애플은 공동으로 스마트폰 기반 접촉 추적기술을 개발하고 있다. 안드로이드(구글)와 iOS(애플)로 대표되는 스마트폰 플랫폼의 경쟁자가 코로나19 퇴치를 위해 머리를 맞댄 것이다. 두 회사가 개발 중인 접촉추적 애플리케이션 시스템(API)은 데이터 공유에 동의한 사람들에게 적용되는 방식으로 운영된다. WHO 같은 단체들이 API를 이용해 접촉 추적 서비스를 활용할 수 있다. 사상 처음으로 안드로이드폰과 아이폰에서 모두 사용 가능하다. 물론 사람들이 애플리케이션을 내려받는 과정을 거쳐야 한다. 애플과 구글은 2단계에선 관련 기능을 운영체제에 녹여 넣을 계획이다. 이럴 경우엔 운영체제 업데이트를 하면 자동으로 관련 기능이 스마트폰에 적용된다.

| 프라이버시 침해에 대한 규정이 요구된다 |

프라이버시 침해에 대한 반발도 거세다. 공공의 이익을 위해 개인의 사생활이 무차별적으로 침해돼도 괜찮냐는 것이다. 비판이 거세지자 정보 공개와 관련 가장 앞선 행보를 보였던 한국 정부가 가이드라인을 냈다. '코로나19 감염병 환자 이동경로 정보공개 가이드라인'이라고 이름 붙여진 정보공개 원칙을 전국 지방자치단체에 3월 배포했다.

가이드라인에 따르면 정부는 접촉자가 있을 때, 방문 장소와 이동수단을 공개할 수 있다. 확진자의 거주지 세부주소, 회사 이름 등 확진자가 누군지 알 수 있는 정보는 원천 차단하기로 했다. 다만 회사 이름은 같은 직장 내 동료들 다수에게 전파됐을 우려가 있을 때만 공개된다. 공개 대상 기간 역시 증상 발생이 있기 하루 전부터 격리일까지로 정했다.

가이드라인 영향으로 2020년 4월 현재 과거와 같은 논란은 수그러들었다. 지방자치단체별로도 정보 공개 수준에 차이도 없어졌다. 한국의 가이드라인은 다른 국가들도 벤치마킹하고 있는 것으로 알려졌다.

그래도 논란이 끝난 건 아니다. 많은 전문가들은 코로나19 사태로 인해 프라이버시와 공공 이익의 균형점이 공공 쪽으로 쏠리고 있는 것에 대해 걱정하고 있다. 개인이 다수의 행복을 위해 어느 정도의 손해는 감수할 수도 있겠지만 '일상화'가 되는 상황은 벌어져

선 안 된다는 것이다. ICT 기술이 나날이 발전하면서 개인이 점점 약자가 될 수밖에 없는 것도 문제로 꼽는다.

전문가들은 이번 기회에 개인정보 공개의 원칙을 명확하게 정립해야 한다는 얘기를 꺼내고 있다. EU 집행위원회가 2020년 3월 16일 공개한 공동 지침이 참고할 만하다는 평가가 나온다. EU 집행위는 GPS(위성항법장치)처럼 스마트폰의 위치를 추적하는 대신 블루투스 같은 단거리 전파로 사용자 간 근접도를 측정하는 시스템을 구축할 것을 권고했다. 애플과 구글에겐 프라이버시 보호기준을 충족하지 못하는 추적 애플리케이션을 삭제할 것을 요구했다. 이 밖에 EU의 데이터·사생활 보호에 관한 규정에 부합할 것, 공중보건당국과의 긴밀한 협조·승인하에 실행할 것, 자발적 설치를 원칙으로 하되 필요하지 않은 즉시 삭제할 것, 최신 개인정보 보호 기술 솔루션을 활용할 것, 익명의 데이터를 기반으로 할 것, EU 전역에서 회원국 간 상호 운용 가능하도록 할 것 등이 대표적인 내용이다. 마그가레 베스타게르 EU 집행위 부위원장은 "위치 추적 기술에 앞서 신뢰와 투명성이 필수적"이라고 강조했다.

08

그 어느 때보다
세진 정부의 힘

"일찍이 경험하지 못한 재앙에 직면해 국민들은 정부가 더 큰 역할을 해주기를 바라고 있다. 때마침 열린 국회의원 선거에서 복지 확대를 주장하는 정당이 반대쪽 정당 대비 두 배 가까운 의석을 차지하는 압승을 거두었다."

한국의 21대 총선을 연상시키는 이 묘사는 1945년 제2차 세계대전 막바지에 있었던 영국 총선 결과다. 당시 영국 노동당은 393석을 얻어 197석을 얻은 보수당에 압승했다. 윈스턴 처칠(Winston Churchill)은 전쟁을 승리로 이끌고도 라이벌 클레멘트 애틀리(Clement Attlee)에게 총리 자리를 내줘야 했다. 노동당 정부는 이후 5년의 집권 기간 동안 기간산업 국유화, 무상의료제도 도입, 공공주택 확대 등을 추진했다. 영국 주간 〈이코노미스트〉는 "비상 상황에 확대된 정부의 권한이 이후에도 유지되며 관련 정책 입안으로 이어질 수 있다는 사례"라며 "코로나19 이후의 세계 역시 크게 다르지 않을 것"이라고 내다봤다.

위기는 언제나 정부 영역의 확대를 불렀다. 복지제도 자체를 터부시하던 미국은 1930년대 대공황 발생 이후 실업수당, 노인 지원금 등을 제도화했고, 대규모 재정 인프라 사업인 뉴딜정책까지 시행했다. 1998년 외환위기는 정부를 중심으로 한 대기업 사업재편과 강력한 금융감독 등의 정책을 낳았다. 2001년 9·11 테러 이후 출입국 절차 및 정보 수집과 관련된 미국 정부 권한은 세졌고, 2008년 글로벌 금융위기는 파생상품과 은행 영업 전반에 대한 감시와 규제가 늘어나는 것으로 귀결됐다.

그리고 맞은 2020년 코로나19 팬데믹. 세계 각국에는 제2차 세계대전 이후 70여 년 만에 큰 정부가 곳곳에서 등장하려 하고 있다. 그리고 이는 개인과 국가, 민간과 공공, 시장과 정부 사이의 관계를 근본적으로 바꿔놓을 전망이다.

| 근본적으로 바뀌는 정부의 역할 |

코로나19는 정부에 대한 사람들의 시각을 근본적으로 바꿔놓고 있다. 이전까지 많은 서구 국가에서 정부는 의심해야 할 대상이고, 대규모 공무원 조직은 비효율의 상징이었다. 하지만 세계적인 전염병 유행을 맞아 정부는 생명과 일상을 지켜줄 유일한 버팀목으로 이미지가 바뀌고 있다. 릴리아나 메이슨 메릴랜드대학교 정치학 교수는 "(작은 정부를 추구하던) 레이건 시대는 끝났다"며 "정부는 근본적으로 나쁘다고 널리 받아들여지던 생각은 코로나 팬데믹 이후에는 더 이상 통하지 않을 것"이라고 공언했다. "코로나 팬데믹은 건강한 사회를 위해 정부 역할이 매우 중요하다는 점을 세계적인 증거를 통해 보여주고 있다. '나는 정부에서 나왔고, 당신들을 도우러 왔다'는 말이 더 이상 거부감으로 다가오지 않는다"고 설명했다.

미국과 이탈리아, 영국 등에서 말 그대로 산불처럼 번지는 코로나19를 지켜보며 각국 국민들은 자신들의 정부가 무엇이라도 해주기를 바란다. 그리고 그것이 전염병 확산을 방지하는 것에 조금이라도 도움이 된다면 동의한다.

2015년 메르스 유행 이후 도입돼 코로나19 대처 과정에서 힘을 발휘한 확진자 동선 파악이 단적인 예다. 메르스 당시만 해도 보건복지부 등 유관 부처 관계자들은 실정법 위반을 무릅쓰며 감염자의 좌석버스 탑승 내역 등을 조회해야 했지만, 이후 입법 보완을 통해 코로나19를 맞아서는 모든 국민이 인터넷 사이트를 통해 확진자가 어떤 교통편을 이용해 어디를 갔는지 확인할 수 있게 됐다.

개인을 집 안이나 격리시설에 머물게 하고 이탈하면 처벌하는 것도 코로나19 이전에는 상상하기 힘들던 일이다. 정부는 처벌 수위를 높이기 위해 관련 시행령을 개정했다. 한국에서는 이뤄지지 않았지만 중국과 이탈리아 등에서는 전면적인 외출 제한과 지역 봉쇄 등도 실행됐다. "헌법에 보장된 종교의 자유를 침해할 수 있다"며 정부가 망설였던 종교활동 중단도 방역 지침 제정을 통해 제한적으로나마 이뤄지게 됐다.

다른 나라 역시 마찬가지다. 이스라엘을 비롯한 19개 국가에서는 코로나19 확산 방지 목적으로 휴대전화를 통해 정부가 개인의 동선 및 위치 정보를 파악할 수 있도록 하는 법안을 통과시켰다. 프랑스는 마스크 등 의료물품의 원활한 수급을 위해 정부가 재화의 가격을 통제하고 전매할 수 있는 근거를 마련했다.

정부 개입 여지가 확대되면서 빅데이터와 모바일 관련 기술은 더욱 힘을 발휘하고 있다. 한국과 홍콩은 스마트폰을 통해 코로나19 밀접 접촉자의 위치를 실시간으로 확인하고, 정해진 지역을 벗어나면 처벌하고 있다. 중국에서는 안면인식 기술을 통해 주민의 이동을 통제하고 있다. 미국의 안면인식 기술회사인 클리어뷰(Clearview)는 인공지능을 통해 확진자를 추적하고 접촉자를 확인할 수 있는 기술을 미국 정부에 제공하고 있다. 데이터분석 회사 팔란티르(Palantir) 역시 미 CDC와 협업해 개인정보를 분석, 필요한 정보를 확인한다.

| 최종 대부자를 넘어 최종 소비자로 |

정부의 역할 확대는 단순히 전염병 차단에 그치지 않는다. "대공황 이후 최악"(크리스탈리나 게오르기에바 IMF 총재)이라는 경제 위기에 맞서기 위해 각국 정부는 갖가지 조치들을 쏟아내고 있다. 그 첫 발걸음은 전례 없는 재정 확대다.

IMF는 최근 발표한 보고서 〈세계경제전망(World Economic Outlook)〉을 통해 "각국 정부가 코로나19 경기부양을 위해 8조 달러(9,736조 원)에 이르는 막대한 돈을 투입하고 있다"고 밝혔다. 미국 정부는 2020년 3월부터 세 차례에 걸쳐 2조 2,343억 달러(2,729조 원) 규모의 긴급예산법안을 통과시켰다. 성인 1인당 1,200달러의 현금을 지급하는 내용 등이 포함됐다. 2019년 미국 국내총생산(GDP)의 10.4% 규모다. 양적완화 등 중앙은행의 금융 시장 자금 투입은 제외한 것이다. 글로벌 금융위기가 몰아닥친 2007~2009년 미국 정부가 투입한 재정의 두 배에 이르는 규모다.

글로벌 금융위기 직후만 하더라도 미국에선 재정을 투입하는 것에 대한 비판이 거셌다. 당시 벤 버냉키 전 미 중앙은행(Fed) 의장도 이른바 '헬리콥터 머니'(helicopter money, 헬리콥터에서 돈을 뿌리듯 중앙은행이 경기부양을 위해 새로 찍어낸 돈을 시중에 공급하는 비전통적 통화정책)를 통한 무제한 양적완화로 위기를 해결할 수 있다고 강조했다. 이 용어의 원조는 시카고학파의 거두인 밀턴 프리드먼(Milton Friedman)이다. 정부가 코로나19 경기부양을 위해 재정정책을 강조하고 있는 상황에서 시카고학파가 쇠퇴하고, 케인즈학파가 다시 득세할 수 있다는 관측이 제기된다.

EU는 경기부양을 위해 회원국이 준수해야 하는 재정준칙(SGP)을 일시 중단했다. 재정적자는 GDP의 3% 이내, 정부부채는 GDP

의 60% 이하를 유지해야 한다는 것이 핵심이다. 독일과 프랑스 정부는 각각 코로나19 경기부양을 위해 615억 유로(82조 원)와 450억 유로(60조 원)의 재정을 집행할 계획이다. 일본은 GDP의 19.5%에 달하는 108조 엔(1,222조 원)을 투입할 방침이다.

이같이 조달된 돈은 정부가 나서 기업의 회사채를 사고, 국민에게 재난지원금 성격의 현금을 나눠주는 것으로 사용된다. 기업부터 개인까지 정부가 나서서 먹여 살리는 시대가 온 것이다. 금융위기 당시 정부 재정이 은행 시스템 유지에 제한적으로 사용됐던 것과 대비된다. '코로나19로 물꼬를 튼 개인에 대한 재난지원금 지급이 기본소득제도 상시화로 이어질 수 있다'는 주장이 나오는 배경이다.

| 시장과 민간 영역의 위축이 우려된다 |

행정부로의 권력 집중을 의미하는 큰 정부는 비상 상황에 신속하게 대응할 수 있다는 장점도 있지만 여러 가지 단점도 내포한다. 정부 영역이 확대되면서 민주주의와 시민사회 영역이 축소될 수 있다는 점이다. 코로나19의 미국 내 확산 초기 트럼프 미국 대통령이 자신을 '전시 대통령'으로 불러달라고 요구한 것에서 보듯 권력자들은 큰 정부가 가져다주는 권한 확대에 큰 관심을 가진다. 그만큼 세계 각국에서 전횡이 판칠 우려가 크다.

헝가리와 폴란드는 2020년 3월 국가비상사태를 무기한 연장하고, 정부에 광범위한 권한을 부여하는 법안을 통과시켰다. 2010년부터 세 번째 연임 중인 빅토르 오르반 헝가리 총리는 EU 회원국 중 처음으로 독재에 가까운 친정체제를 완성시켰다. 베냐민 네타냐후 이스라엘 총리는 코로나19 대처를 빌미로 자신을 겨냥한 검찰 수사를 정지시키고 집권 기간 연장을 시도하고 있다는 비판을 받고 있다.

각국 정부가 강화된 권한을 앞세워 자유무역 제한에 나서고 있는 것도 우려할 만한 점이다. 미국과 독일 등은 방역용 물품 및 코로나19 관련 의약품의 해외 수출을 규제하고 나섰다. 러시아 정부는 한 발 더 나아가 곡물 수출에 대한 통제도 시작했다. 제한된 물품에 한정된 것으로 볼 수도 있지만 글로벌 공급망에 대한 기업인들의 신뢰를 떨어뜨리는 부분이다. 코로나19 이전에 비해 자유무역이 제한적으로 작동하며 경제 회복 속도를 저하시킬 수 있다.

강화된 정부가 여러 대책을 쏟아내는 가운데 정부 부채가 늘고 이는 세금도 늘어나는 악순환으로 이어질 수도 있다. 투자은행 UBS는 "투자자들은 더 높은 세금을 비롯한 '재정적 억압'에 직면하게 될 것"이라고 표현했다. 덕분에 불평등이 개선될 수도 있겠지만 역시 자본주의의 역동성을 악화시키는 것이다.

개인 데이터에 대한 정부의 접근이 높아지면서 사생활이 침해당할 수도 있다. 문병순 KT경제경영연구소 연구위원은 "전염병 확산 방지를 위해 개인정보를 어떻게 분석하고 활용하는지가 국가 및 산업 경쟁력을 좌우하는 시대가 됐다"며 "개인 데이터에 대한 공공 이용과 관련된 관점이 바뀌게 될 것"이라고 말했다. 개인 데이터를 치안은 물론 의료 및 빅데이터 기술 개발 등에 폭넓게 활용하는 중국 정부의 시스템이 다른 나라에도 적극 도입될 수 있다는 것이다.

정부의 역할 확대는 자유와 시장의 영역이 줄어든다는 것을 의미한다. 이는 늘어나는 비효율로 이어진다. 제2차 세계대전 직후 노동당 집권으로 등장한 영국의 큰 정부가 주도한 기간산업 국유화는 영국 경제에 오랜 기간 부담이 됐다. IMF 금융지원까지 받는 굴욕까지 감수한 끝에 관련 정책은 폐기되고 영국은 정부의 역할을 줄이는 방향으로 돌아섰다.

헨리 키신저 전 미국 국무장관은 〈월스트리트저널〉에 기고한 칼럼을 통해 "코로나19를 극복하는 과정에서 권력과 적법성 사이의 균형이 깨지면 사회계약도 무너진다"며 "민주국가는 국내 정치와 국제 외교에 일정한 제약을 두고 핵심 가치들을 지켜야 한다"고 강조했다. 베스트셀러《사피엔스》의 저자인 유발 하라리 예루살렘히브리대학교 교수는 〈파이낸셜타임스〉에 기고한 글에서 "코로나19 위기를 맞아 인류는 중요한 선택의 갈림길에 섰다"며 "전체주의적 감시체제로 갈지, 시민사회 권한 강화와 연대의 길로 갈 것인지 선택해야 한다"고 지적했다.

09
'슬기로운 집콕생활'이 필요해졌다

코로나19가 퍼지자 사람들은 헬스장, 찜질방, 공연장 등 많은 사람이 모이는 곳을 피하기 시작했다. 정부 역시 일시적으로 문을 닫을 것을 권했다. 사람들은 가족과 '슬기로운 집콕생활'을 보내기 위해 나름대로의 묘안을 짜내기 시작했다. 유튜브에서는 각종 '혼자놀기' 콘텐츠가 나오기 시작했고, 문화예술계는 온라인 공연 스트리밍까지 등장했다. 코로나19 특수를 틈타 '홈트레이닝'(홈트) 등 '안방'에서 통하는 서비스를 선보이는 기업들도 나타났다.

| 사람 많이 모이는 장소, 발길이 끊어지다 |

새해 결심으로 가장 많이 꼽히는 것은 운동이다. 연초에 헬스장에 사람이 바글바글 넘치는 이유다. 그러나 코로나19 확산에 따라 사람들이 다중이용시설을 피하고, 정부의 권고도 나와 헬스장은 잠시 문을 닫았다. 특히 코로나19 확진자였던 줌바댄스 강사에게 수업을 받은 수강생들이 대거 확진 판정을 받는 집단감염 사태가 발생하면서 체육시설에 대한 우려가 더욱 커졌다. 찜질방이나 스파 시설도 비상이 걸렸다. 경상남도 진주 지역 스파시설을 매개로 한 코로나19 확진자가 발생하면서 지방자치단체는 찜질방이나 스파 시설을 이용하지 말 것을 권고했다.

영화관도 직격탄을 맞았다. 영화진흥위원회에 따르면 2020년 3월 전체 극장 관객수는 2019년 동월 대비 87.5%(1,284만 명) 감소한 183만 명을 기록했다. 영화진흥위원회가 통합전산망 집계를 시작한 2004년 이후 가장 낮은 수치다. 2020년 3월 전체 매출액은 2019년 동기 대비 88.0%(1,114억 원) 감소한 152억 원으로 집계됐다.

대형 극장이나 공연장 역시 코로나19로 인해 문을 닫았다. 특히 뮤지컬 〈오페라의 유령〉 월드투어에서 앙상블 배우 2명이 코로나19 확진 판정을 받으면서 공연이 전면 중단되기도 했다. 서울 예술의전당은 코로나19 위기경보가 최고 단계인 '심각'으로 격상되자 정부 지침에 따라 공연과 전시 등을 2월 24일 전면 취소했다. 문화체육관광부도 박물관, 공연기관 등 국립문화예술시설을 휴관했다.

상황이 이렇자 정부는 교회, 헬스장, 유흥주점 등의 운영 중단을 권고하는 강도 높은 대책을 3월 22일 내놨다. 정상 운영을 하려면 마스크 의무 착용, 사람 간 간격 1~2m 유지 등 방역 지침을 지키라고 요구했다. 지침을 지키지 않은 곳에서 코로나19 확진자가 발생하면 손해배상을 청구한다고 경고했다. 코로나19 확산을 막기 위해 보름간 감염 위험이 높은 장소에 대해 '사실상 임시 폐쇄' 조치를 내린 것이다.

업종별 형평성 문제가 불거지기도 했다. 가령 같은 체육시설이지만 헬스장과 달리 당구장 등은 운영 중단 권고가 내려지지 않았다. 청와대 국민청원 게시판에는 한 청원인이 "음식점, 마트, 커피숍 등 사람이 붐비는 많은 업종 중 유독 헬스장만 제재하느냐"고 항의하기도 했다.

| 집에서 땀 흘리는 '홈트'의 유행 |

코로나19로 외출이 어려워지자 집 안은 다양한 활동을 하는 플랫폼이 됐다. IT 기술의 발달로 운동, 요리 등의 활동부터 영화와 같은 콘텐츠 소비까지 안방에서만 지내도 충분히 할 수 있는 환경이 됐기 때문이다.

우선 수영장과 헬스장 등 공공운동시설물이 속속 문을 닫자 사람들은 집에서 운동하기 시작했다. 리오넬 메시, 손흥민 등 세계적 운동 스타들이 '홈트' 영상을 속속 올리며 이를 권장하자 홈트레이닝에 대한 관심은 더 커졌다. 사람들은 운동기구를 사서 집에 갖춰 놓고 유튜브를 보면서 운동했다. 과거 일부 사람만 했던 홈트가 코로나19로 대중화됐다. 운동이 면역력을 높이는 데 도움이 된다는 사실은 사람들에게 홈트를 해야 할 필요성을 더해줬다.

이렇다 보니 홈트 서비스가 주목받았다. LG유플러스 '스마트홈트'의 3월 평균 이용자 수는 1월 대비 38% 늘어났다. 스마트홈트는 LG유플러스가 카카오VX와 손잡고 요가, 필라테스, 스트레칭 등 250여 편의 운동 콘텐츠를 제공하는 홈트레이닝 전문 서비스다. 인공지능을 활용한 전문 트레이너의 자세와 비교하는 자세한 코칭, 이용자에게 관절 추출을 기반으로 한 실시간 움직임 분석 등을 제공한다. 인기를 끌자 카카오VX는 '스마트홈트 바이 카카오 VX' 애플리케이션을 이동통신 3사로 확대 제공한다고 4월 13일 발표했다.

'라이크핏'도 AI를 접목한 홈트레이닝 애플리케이션이다. 사용자가 스마트폰 카메라를 켜고 운동을 하면 이를 AI 코치가 인식해 운동 자세가 무너지지는 않았는지, 잘못된 방식은 아닌지 등을 알려준다. 라이크핏은 또 운동을 하면 할수록 포인트를 적립해주는 챌린지 프로그램을 운영 중이다. 이 포인트는 전용 숍에서 쇼핑에 활용할 수 있다.

온라인 퍼스널 트레이닝 서비스 '마이다노'는 하루에 얼마나 먹었고, 얼마나 운동을 했으며 얼마나 걸었는지 등을 기록하는 방식으로 목표치에 자연스럽게 다가가게 해주는 애플리케이션이다. 역시 걷는 만큼 포인트가 쌓이는 게 특징이다.

명상을 하며 코로나19로 인한 우울함을 날리고 싶은데 수련원에 갈 수 없는 이들을 위한 애플리케이션도 나왔다. '마보'는 집에서 할 수 있는 여러 가지 명상 방법을 알려주는 애플리케이션이다. 자신의 명상 기록을 저장해둘 수도 있다.

외출을 자제해 시간이 넘치다 보니 공을 많이 들이는 조리법이 유행하기도 했다. '달고나 커피'가 대표적인 사례다. 달고나 커피는 1월 한 예능 프로그램에서 배우 정일우가 마카오의 한 식당 직원이 제조해준 커피를 소개하며 알려졌다. 인스턴트 커피와 설탕, 물을 최소 400번 이상 휘저어 쫀쫀한 크림처럼 만든 뒤 흰 우유 위에 부어 마시는 음료다. 처음에는 숟가락으로 휘젓다가 소형 거품기를 쓰는 방식으로 진화했다.

난이도가 한층 높아진 '수플레 오믈렛'이 뒤를 이어 유행했다. 1,000번 젓는 계란프라이로 알려져 있다. 우선 계란 흰자를 1,000번 이상 저어 머랭 상태로 만든다. 이후 노른자를 섞고 소금 간을 한 뒤 팬에 구워 오믈렛을 만들면 된다.

독특한 레시피들은 유튜브, 인스타그램 등 SNS를 통해 해시태그(#)를 달고 확산됐다. 자신이 만든 요리를 인증하는 방식으로 서로 소통하면서 사람들은 집 안에만 있는 답답함을 잊었다. 한국의 SNS 놀이는 해외까지 전파되기도 했다. 유명 해외 유튜버들은 물론 미국, 유럽 언론까지 한국의 커피 간식인 달고나 커피가 세계적 인기를 얻고 있다고 주목했다. 커피빈 등 식품업계는 달고나 커피에서 아이디어를 얻어 유사한 음료를 신제품으로 출시하기도 했다.

실내 여가생활을 즐기는 사람들이 늘면서 관련 상품도 많이 팔렸다. 위메프에 따르면, 2020년 3월 1일부터 4월 11일까지 이 회사에서 판매된 실내 여가생활 관련 제품 매출이 2019년 같은 기간보다 최대 9배 가까이 증가했다. '부루마블', '루미큐브', '다빈치코드' 등 보드게임의 인기가 높았다. 직접 조립하는 DIY 상품과 인테리어 관련 상품 인기도 높았다. DIY 명화그리기 매출은 410%, DIY 미니어처 363%, 셀프 인테리어 관련 상품 매출은 207% 늘었다.

| '방구석 1열'에서 즐기는 콘서트 |

사회적 거리두기 기간이 길어지면서 오케스트라와 오페라, 미술관 등이 온라인 공연과 전시를 잇따라 공개했다. 다수의 오프라인 공연이 연기된 데다 외출을 자제하는 사람들을 겨냥해 지속적으로 공연을 알리기 위해서다. 사람들은 "가족과 함께 안방에서 고품질의 문화생활을 할 수 있어 좋다"고 입을 모았다. 이 같은 언택트(untact, 비대면) 공연, 전시 문화는 기존 오프라인의 한계를 뛰어넘어 새로운 방식을 모색하게 된 계기가 됐다는 평가다.

미국 뉴욕 메트로폴리탄 오페라는 코로나19로 3월 공연을 취소하면서 베르디 〈일 트로바토레〉, 도니체티 〈연대의 아가씨〉 등 오페라를 인터넷으로 무료 제공했다. 영어 자막을 제공하고 화질이 좋아 만족스럽다는 평가를 받았다. 빈 국립오페라단도 3월 15일부터 매일 오페라를 한 편씩 무료로 공개했다.

베를린 필하모닉 오케스트라도 3월부터 공연 영상을 볼 수 있는 '디지털 콘서트홀'을 회원들에게 무료로 개방했다. 원래 3월 31일까지 회원 가입자에게 가입 시점부터 한 달간 무료 서비스를 제공했으나 코로나19 사태가 장기화되자 서비스 기간을 4월 말까지 연장했다. 회원가입 후 'Berlinphil'이란 코드를 입력하면 한 달 동안 모든 동영상을 무료로 이용하는 것이다. 런던 심포니 오케스트라(LSO)도, 세계 3대 교향 악단으로 꼽히는 네덜란드의 로열 콘세르트허바우 오케스트라(RCO)도 연주회 영상을 무료로 제공했다.

4월 18일(현지시간)에는 세계적인 규모의 언택트 공연도 열렸다. WHO, 빈곤퇴치단체인 글로벌 시티즌이 함께한 온라인 자선 콘서트 '원 월드: 투게더 앳 홈'이 펼쳐져 화제를 모으기도 했다. 이 공연에는 엘튼 존, 스티비 원더, 레이디 가가, 테일러 스위프트, 빌리 아일리시, 셀린 디온 등 거물 팝스타들이 참여해 뜨거운 반응을 얻었다. 약 8시간 온라인으로 생중계된 이 공연은 지금도 유튜브 채널을 통해 볼 수 있다.

국내에서는 국립극장이 3월 25일부터 2주간 우수 레퍼토리 공연의 전막 실황을 공개하겠다고 밝혔다. 첫 작품은 창극 〈패왕별희〉로 국립극장 유튜브 채널에서 볼 수 있었다.

국악원은 3월 17일부터 매일 국악원 홈페이지와 유튜브 채널, 네이버 TV를 통해 국악 공연을 선보이는 '일일국악'을 진행하고 있다. 소규모 실내악과 독주, 독무 등 국악을 깊이 있게 다룬 작품들에 연주자들의 해설을 넣었다. 3월 28일부터 4월 25일까지 매주

토요일에는 온라인 생중계로 진행하는 국악 라이브 콘서트 '사랑방 중계'도 진행했다.

미술관들도 온라인 전시회에 나섰다. 뉴욕 메트로폴리탄 미술관과 구겐하임 미술관, 파리 루브르 박물관, 로마 바티칸 박물관 등은 온라인 가상 투어를 제공하고 있다.

한국의 국립현대미술관은 코로나19 확산 이후 온라인 전시 서비스를 적극적으로 선보였다. 2020년 첫 신규 전시인 덕수궁관 '미술관에 書: 한국 근현대 서예전'은 온라인으로 개막했다. 국제 동시대미술 기획전 '수평의 축'은 4월 16일 인스타그램 라이브로 공개했다.

부산시립미술관은 온라인 전시 서비스 '내 손 안의 미술관'을 운영했다. 인스타그램, 유튜브 등 SNS를 통해 전시회의 작품들을 공개하고 설명을 더하는 방식이다. 미술관을 방문하지 않고 집에서 편하게 '유에스비: Universe, Society, Being'전과 '한국현대미술작가조명3-김종학'전을 볼 수 있게 했다.

10
과학의 시대, 전문가의 시대

2020년 2월 3일 일본 요코하마항 앞바다에 다이아몬드 프린세스 호가 정박했다. 1월 20일 요코하마항에서 출발해 22일 가고시마를 거쳐, 25일 홍콩, 27일 베트남, 2월 1일 오키나와를 거쳐 온 배였다. 나중에 코로나19 감염이 확인된 80대 홍콩 남성은 1월 17일 도쿄로 입국한 뒤 이 배를 탔다. 이 남성은 25일 홍콩에서 내렸고, 그가 코로나19에 감염됐다는 사실이 2월 2일 알려졌다.

일본 정부는 3,700여 명이 탑승한 이 배를 한 달 가까이 해상 격리했다. 전문가들은 배가 밀폐된 공간이고 의약품이 부족한 만큼 빠른 하선이 필요하다는 의견을 냈다. 하지만 아베 신조 총리가 이끄는 일본 정부는 자국 내 코로나19 확산을 일단 피하고 보자는 태도였고, 전문가들의 건의는 묵살됐다. 2020년에 예정된 도쿄올림픽 성공 개최라는 정치적 목적도 더해졌다. 그 결과 탑승자의 20%에 달하는 712명 확진, 12명 사망이라는 참사가 빚어졌다.

3월 4일 미국에서도 비슷한 상황이 발생했다. 3,800여 명이 탄 그랜드 프린세스호가 탑승객 40여 명이 코로나19 의심 증상을 보이자 샌프란시스코항으로 긴급 회항했다. 트럼프 미국 대통령은 "배 한 척 때문에 미국 내 확진자 수를 두 배로 늘릴 필요는 없다"며 해상 격리를 주장했다. 하지만 그는 보건당국의 의견을 수용해 승객들을 단계적으로 내리도록 했다. 103명 확진, 3명 사망으로 마무리됐다.

| 전염병과 함께 창궐한 미신과 권위 |

두 크루즈선의 운명은 어디서 갈라졌을까. 답은 간단하다. '과학'이다. 올림픽 정상 개최에 목맨 일본 정부는 크루즈선 현황을 자국 통계에서 빼기 위해 WHO에 1,000만 달러를 기부하기까지 했다. 하지만 그런 시도는 밀폐된 공간에서 바이러스가 더 빨리 퍼진다는 평범한 사실을 뒤엎진 못했다. 과학을 무시한 아베 정부의 지지율은 폭락했다.

코로나19라는 새로운 팬데믹에 맞닥뜨린 인류는 과거 전염병을 만났을 때처럼 또다시 온갖 미신과 권위 속에 혼란을 겪었다. 중국에선 지도부가 전통의학을 권유해 개나리로 만든 쌍황롄이라는 약이 품귀 현상을 겪기도 했다. 인도에선 소 배설물로 코로나19를 예방할 수 있다는 주장도 퍼졌다. 한국에서조차 교회와 군대에서 소금물과 양파가 대응책으로 등장했다.

코로나 발병 100일이 지난 4월 말 현재 전 세계적으로 감염자가 300만 명에 육박하고 있다. 그동안 벌어졌던 수많은 정치적 오판들은 역설적으로 사람들에게 사실에 기반한 과학에 더욱 의존하도록 하는 계기가 됐다. 미국 경제지 〈포브스〉는 "과학을 무시하면 값비싼 대가를 치른다는 것을 팬데믹이 일깨워줬다"고 지적했다. 미국 정치 미디어 〈폴리티코〉는 "사람들은 트럼프 대통령이 아니라 앤서니 파우치 알레르기·전염병연구소(NIAID) 소장으로부터 듣고 싶어 한다"며 "코로나19가 정치인들로 하여금 전문지식의 중요성을 인정토록 하는 계기로 작용했다"고 분석했다.

| 경각심 일깨운 전문가 |

코로나19가 지구촌 200여 개국으로 확산하는 동안 여러 나라에서 비슷한 상황이 재연됐다. 많은 정치 지도자는 "코로나19는 독감 수준", "우리 국민은 이겨낼 수 있다"는 과학적 근거가 전혀 없는 발언을 쏟아냈다. 그러는 사이 바이러스는 암살자처럼 곳곳에 스며들었다. 한국의 신천지 신자 무더기 확진(2월 18일), 말레이시아 무슬림 부흥회(2월 28일), 스페인의 여성의 날 집회(3월 8일) 등의 변곡점은 지도부의 방심이 낳은 산물이라는 게 대체적 평가다.

2019년 말 중국 우한의 화난시장에서 코로나19가 처음 보고된 이후 중국 보건당국은 명확한 증거가 없다며 사람 간 전염 가능성을 제대로 인정하지 않았다. 우한시 정부는 1월 19일 시내 한복판에서 4만 명이 모이는 춘제 행사까지 열었다.

보건당국의 권위를 깨뜨린 전문가가 나타났다. 2002년 사스 퇴치의 영웅으로 불리는 중난산 중국공정원 원사였다. 중국공정원은 한국의 공학한림원에 해당하는, 과학기술 부문 석학 그룹이다. 원사는 정회원으로 각 분야의 중국 최고 전문가에 해당한다.

중 원사는 1월 20일 〈CCTV〉와의 인터뷰에서 "코로나19가 사람 간 전염되는 것이 확실하다"고 말했다. 그의 발언은 시민들뿐 아니라 정부 관료들도 상황의 심각성을 인지하는 계기가 됐다. 중국 정부는 23일 우한을 시작으로 후베이성 17개 도시 전체를 봉쇄했다. 봉쇄령은 전국으로 확산됐고, 중국은 비교적 빠른 시간 안에, 적은 사망자를 내고 코로나19 증가세를 완화시켰다.

중 원사는 이후에도 중요한 변곡점에서 무게 있는 발언으로 정부의 정책 결정에 영향을 미치고 있다. 4월 21일 열린 중국 교육부의 온라인 세미나에서 그는 싱가포르의 사례를 들며 조기 개학의 위험성을 경고하기도 했다. 중 원사는 "중국은 현재 재확산 가능성은 매우 낮아서 학교를 여는 것은 바람직한 결정이다. 싱가포르처럼 너무 빨리 개교한 케이스와는 다르다"고 전제했다. 이어 그는 "학교에서 확진자가 나온다 해도 섣불리 폐교하지 말고, 그 전에 진단을 늘려서 확산을 최소화해야 한다"고 조언했다.

| 과학에 기반한 정책이 신뢰받다 |

봉쇄, 자택 대피, 사회적 거리두기 등 코로나19 예방을 위한 필수 조치들이 자리 잡는 데까지도 상당한 시일이 걸렸다. 개인의 자유, 경기침체 등 부작용을 우려하는 목소리가 워낙 많았기 때문이다.

패트리스 해리스 미국의학협회 회장은 "사회적·물리적 거리두기가 전염병 확산을 막는 가장 효과적인 수단임이 100년 전 스페인독감 대유행에서 이미 증명됐지만 우리는 여전히 사실과 증거보다는 이념과 정치에 치우친 결정을 보고 있다"고 지적했다.

1918년 9월 17일. 미국 필라델피아에서 처음으로 스페인독감 환자가 나왔다. 다음 날 시정부는 20만 군중이 모이는 제1차 세계대전 전쟁공채 모집 퍼레이드를 강행했다. 2주 후 이 도시에서만 2만 명의 감염자가 발생했다.

사회적 거리두기와 관련해 가장 주목받고 있는 전문가로 앤서니 파우치 소장을 꼽을 수 있다. 그는 트럼프 대통령이 경제활동 재개를 시사할 때마다 사실에 기반한 주장으로 사회적 거리두기 조치 연장을 이끌어냈다. 3월 25일 워싱턴DC 백악관에서 〈폭스뉴스〉 취재진을 만난 트럼프 대통령은 아무도 예상치 못한 발언을 꺼냈다. "부활절(4월 12일)까지 이 나라를 다시 열고 싶다"는 것. 트럼프 대통령은 "부활절은 다른 이유로 중요하지만 이 이유(경제활동 재개)로도 중요한 날로 만들 것"이라고 했다.

당장 백악관의 코로나 태스크포스(TF)에 참여하고 있는 파우치 소장이 반대하고 나섰다. "날짜를 검토할 수는 있지만 매우 유연해야 한다"며 사회적 거리두기의 이른 해제에 반대의견을 분명히 했다. 다른 전염병 전문가들도 무리라면서 트럼프 대통령의 계획에 우려를 나타냈다.

트럼프 대통령은 결국 사회적 거리두기의 시한을 4월 30일까지로 미루고 5월에 경제활동을 다시 시작하는 것으로 바꿨다. 이 역시 파우치 소장이 4월 13일 "5월부터 경제활동을 부분적으로 재개할 수 있을 것"이라고 말하면서 가능해졌다.

1940년생인 그는 1984년부터 알레르기·전염병연구소 소장을 맡고 있다. 2008년에는 미국 시민 최고 훈장인 대통령 자유의 메달도 수상했다. 에볼라 바이러스 공포가 극에 달했던 2014년에는 에볼라에 걸렸다 회복된 간호사를 일체의 보호장구 없이 포옹하는 모습을 보여주면서 시민들을 안심시켰다.

파우치 소장의 전문성은 코로나19 초기부터 드러났다. 미국 내 확진자가 단 7명이던 2월 2일 그는 "우한 폐렴이 굉장히 빠르게 퍼지고 있으며 거의 확실하게 팬데믹이 될 것"이라고 말했다. 그는 지속적으로 사태 악화를 경고하면서 미국 대다수 주가 자택 대피령을 내리도록 독려했다. 백악관 내에서 경제활동 재개 주장이 나올 때마다 그는 "경제활동 재개 시점을 결정하는 것은 바이러스"라고 했다.

파우치 소장은 4월 초 의회 보건위원회에서 "나는 6명의 대통령을 모시는 동안 과학적 증거에 기반하지 않은 것은 한 번도 말한 적이 없으며 과학과 증거에 기반한 정책만 제안했다"고 말했다. 파우치 소장과 같은 전문가가 사회적 거리두기의 필요성을 지속적으로 강조하지 않았다면 실업과 경기침체에 대한 미국 시민들의 분노는 지금과 비교도 되지 않을 정도로 커졌을 것이라는 게 현지 매체들의 분석이다.

| 새로운 영웅이 된 과학자들 |

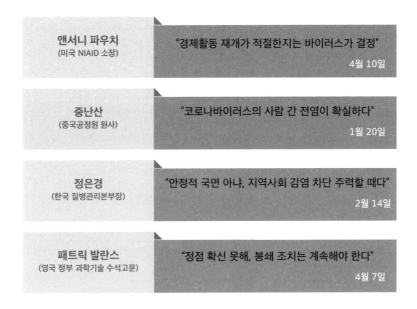

앤서니 파우치 (미국 NIAID 소장)	"경제활동 재개가 적절한지는 바이러스가 결정" 4월 10일
중난산 (중국공정원 원사)	"코로나바이러스의 사람 간 전염이 확실하다" 1월 20일
정은경 (한국 질병관리본부장)	"안정적 국면 아냐, 지역사회 감염 차단 주력할 때다" 2월 14일
패트릭 발란스 (영국 정부 과학기술 수석고문)	"정점 확신 못해, 봉쇄 조치는 계속해야 한다" 4월 7일

이번 코로나19 사태를 계기로 정은경 질병관리본부장 등 각국의 전염병 전문가들이 새로운 명성을 얻게 됐다. 〈뉴욕타임스〉는 "강

의실과 실험실에서 경력을 쌓았던 과학자들이 불확실성의 시대에 가장 신뢰받는 정보원이 됐으며 국가적 영웅으로 떠오르고 있다"고 분석했다.

그리스는 코로나19가 강타한 이탈리아 옆 나라이지만 확진자는 4월 10일 기준 2,100여 명밖에 나오지 않았다. 같은 유럽 내 인구(1,000만 명)가 비슷한 벨기에가 3만 3,000여 명, 체코가 6,000여 명인 것과 대조된다.

그리스 〈내셔널헤럴드〉는 정부의 전염병 대응 전략 책임자 겸 대변인을 맡고 있는 소티리스 치오드라스 아테네대학교 전염병학과 교수를 1등 공신으로 꼽았다. 그는 그리스가 유럽에서 가장 강력한 이동제한 조치를 실시하도록 주도했으며, 매일 저녁 6시 코로나19 현황 브리핑을 통해 시민들에게 외부 활동을 자제해달라고 설득하고 있다.

정 본부장은 일관되고 솔직한 언급, 정보에 근거한 분석, 침착함 등으로 국민들의 강력한 지지를 받고 있다. 〈월스트리트저널〉은 "정 본부장이 '바이러스는 한국을 이기지 못할 것'이라고 말하자 사람들은 본능적으로 그를 믿었다. 그 스스로가 이를 믿고 있다는 점을 알았기 때문"이라고 평가했다.

영국은 코로나19 발병 초기 집단면역 실험을 하다 보리스 존슨 총리까지 감염되면서 체면을 구겼다. 이후 전문가들의 의견을 반영해 3월 23일부터 3주간의 사회적 거리두기에 들어갔다. 패트릭 발란스 영국 과학기술 수석고문은 4월 7일 "모두들 힘들겠지만 아직 정점은 아니다. 봉쇄 조치는 다음 달까지 계속해야 한다"고 주문했다. 영국 정부는 봉쇄 조치를 3주간 추가 연장하기로 했다.

2장

코로나 시대,
경제가 달라졌다

코로나 시대에 달라진
삶, 경제,
그리고 투자

01
의료 시장의 새 시대 여는
K-메디컬과 스마트케어

"코로나19에 대응하기 위해 응급센터 건물을 용도별로 나눈 것은 상당히 혁신적인 관리 시스템이다. 인공지능을 활용해 코로나19 진단시스템을 개발한 것도 인상적이다."

세계 1위 병원으로 꼽히는 미국 메이오클리닉(Mayo Clinic)의 마크 라슨 메디컬디렉터가 2020년 3월 명지병원과의 웨비나(webinar, 'web'과 'seminar'의 합성어로 인터넷 상에서 행해지는 세미나)에 참여한 뒤 내린 평가다. 이왕준 명지병원 이사장은 전 세계에 있는 메이오클리닉 네트워크 병원 40곳이 참여한 웨비나에 첫 발표자로 나서 한국의 코로나19 대응 상황을 소개했다. 앞서 유엔(UN)도 이 병원에 긴급 요청해 세계 재난 담당 전문가 등을 대상으로 한 웨비나를 열었다. 이 이사장은 "국내 코로나19 대응 전략 등에 대한 각국의 관심이 지대하다는 것을 절실히 느꼈다"고 했다.

코로나19로 한국은 감염병 대응 능력을 세상에 알렸다. 코로나

19가 처음 유행한 중국은 우한 지역에서 감염병이 발생하자 주민들의 이동을 막았다. 한국은 달랐다. 대구·경북 지역에서 코로나19가 크게 유행했지만 이동을 제한하는 대책을 내놓지 않았다. 대신 부지런히 의심 환자를 찾고 이들을 검사했다. 확진자로 확인되면 의료기관에 맡겼다. 의료진들은 24시간 밤잠을 설치면서 환자들을 간호하고 살려냈다. 이런 의료진과 방역당국의 사투에 국민들도 자발적으로 이동을 멈췄다. 미국, 유럽 등 대다수 국가와 달리 국경을 닫지 않은 채로 코로나19를 극복해가고 있다는 평가를 받았다. 세계 각국은 한국의 대응력에 주목했다. 이를 배우기 위한 자문 요청이 빗발쳤다. 코로나19가 K-메디컬을 세계에 알리는 기틀을 만든 셈이다.

| 메르스 아픔이 키운 코로나19 대응력 |

마이크로소프트(MS) 창업자인 빌 게이츠는 미국 인기 토크쇼인 〈데일리쇼〉에 나와 "코로나19 검사를 많이 하는 것보다 검사 결과가 빨리 나오는 것이 중요하다"며 "한국은 24시간 안에 검사 결과가 나오는 나라"라고 했다. 미국도 한국처럼 검사 속도를 높여야 한다는 취지다. 세계적 미래의학자 에릭 토폴 미국 스크립스연구소 유전학 교수도 미국 내 코로나19 상황을 전망하면서 한국을 '주목할 만한 모델 국가'로 꼽았다.

코로나 빅뱅, 뒤바뀐 미래

한국은 국경을 열어둔 채 첫 환자가 나온 뒤 석 달 넘게 환자 추적·관리 시스템을 가동한 유일한 나라다. 정부의 초기 대응에 대해서는 평가가 엇갈린다. 하지만 국내 의료기관의 감염 관리 수준이 높아졌다는 데에는 큰 이견이 없다.

국내 의료기관의 감염병 대응 역량은 2015년 메르스 사태를 계기로 급성장했다. 중증 감염병 환자 치료 역량은 세계 최고다. 정기석 전 질병관리본부장(한림대학교 의대 교수)은 "환자가 숨이 멎어도 에크모(인공심폐기)를 돌리면서 버티도록 하면 살 수 있다"며 "메르스 때 몇 달간 입원했던 환자를 그렇게 살렸다"고 했다.

메르스는 코로나19와 같은 변종 코로나바이러스감염증이다. 한국은 중동 이외 지역에서 대규모 메르스 확산 상황을 맞았던 유일한 나라다. 사태 이후 국내 의료기관은 병원 내 감염병 환자 동선을 분리했다. 에크모 등 중환자 치료장비는 방역물자처럼 비축했다. 마스크의 중요성을 깨달은 것도 이때부터다. 빠른 진단과 격리 방식도 마찬가지다. 당시 186명의 메르스 환자를 역학조사하는 과정에서 얻은 교훈이다.

코로나19 사태 초기부터 국내 병원은 마스크를 쓰지 않은 사람은 자체적으로 출입을 금지해왔다. 메르스라는 아픈 상처가 국내 의료기관의 감염병 대응 능력을 한 단계 성장시킨 것이다.

전 국민 건강보험제도를 도입하면서 모든 환자를 추적 및 관리할 수 있게 된 것도 국내 의료 시스템을 키운 자양분이다. 유근영 국립암센터 명예교수(전 아시아-태평양암예방기구 회장)는 "모든 국민의 암 통계를 정확히 내는 나라는 한국을 포함해 전 세계에 5개 국밖에 없다"며 "주민등록번호와 의료보험을 기반으로 한 국내 암 역학은 이미 세계적 수준"이라고 했다. 그동안 문제점으로 지적돼 온 박리다매식 의료 시장은 역설적이게도 코로나19 사태에서 빛을 발했다. 병원마다 갖춘 컴퓨터단층촬영(CT) 장비, 암 진단 등에 쓰이던 역전사중합효소연쇄반응(RT-PCR) 검사기기 등으로 코로나19를 잡아냈기 때문이다.

| 감염병 대응 경험이 새 시장을 열다 |

코로나19 대응력은 국내 의료기관들에는 자산이 됐다. 서울대병원은 코로나19 경험을 토대로 '감염병 대응역량 인증제도'를 마련하는 방안을 논의하고 있다. 외국인 환자 유치 의료기관의 표준인증으로 자리 잡은 국제의료기관인증(JCI)처럼 감염병 대응역량을 갖춘 의료기관을 인증하는 제도를 만들자는 것이다. 박경우 서울대병원 의료혁신실장은 "감염병 상황에서 병상을 어떻게 운용할지, 동선을 분리하는 지침이 있는지 등은 감염병 대응 준비가 잘 됐는지를 파악하는 지표가 될 수 있다"고 했다.

삼성서울병원은 국내 첫 코로나19 환자가 나온 직후인 2020년 1월 24일 입원 환자 면회를 금지했다. 서울대병원은 2월 초 국내 대학병원 중 가장 먼저 출입구 통제를 시작했다. 메르스 사태를 겪은 뒤 마련한 병원 내부 감염병 대응 매뉴얼이 작동했기 때문이다. 국내 의료기관들은 병원이 구축한 비대면 서비스와 감염 관리 매뉴얼을 기업 및 공공기관 등에 전수하는 컨설팅 산업이 커질 가능성도 있다고 내다봤다. 감염병 대응 역량이 기업들의 위기대응 능력을 가늠하는 지표가 될 수 있다는 이유에서다.

코로나19는 한국의 질병 진단 역량을 세계에 알린 계기가 됐다. 유럽, 남미, 아프리카 등 진단 역량이 부족한 나라는 정부가 나서 한국 기업에 도움을 요청했다. 한국보다 먼저 코로나19가 시작된 중국은 진단기기의 정확도가 떨어진다는 평가가 잇따랐고, 그러자 한국의 진단기업들은 더 귀한 몸이 됐다. 국내 진단 시장은 의료기관의 임상기술 경쟁력이 높아지면서 급성장했다. 서울은 세계에서 가장 많은 임상시험이 이뤄지는 도시다. 대규모 임상시험을 할 수 있는 2,000개 병상 규모의 대형 대학병원이 한 도시에 밀집한 경우는 드물다. 국내 의료기관의 수준 높은 품질관리 역량도 경쟁력을 높였다. 의약품 임상시험이 잘 이뤄지려면 환자 검체를 분석하고 약효를 평가하는 진단 역량이 뒷받침돼야 한다.

국내 의료진의 수술 기술은 세계 최고 수준이다. 개발도상국은 물론 미국, 영국 등 선진국에선 매년 1,000여 명의 의료진이 서울아산병원, 서울대병원 등에서 기술을 배우기 위해 한국을 찾는다. 코로나19 사태로 주목받은 감염병 관리 시스템과 한국 의료기술 연수 프로그램을 결합하면 병원 수출 모델이 늘어날 것이란 분석이 나온다.

코로나19가 제약·바이오 분야에서 다양한 틈새시장을 조성할 것이라는 전망도 나왔다. 제약업계는 제네릭(generic, 신약으로 개발한 약이 특허기간이 만료되어 동일성분으로 다른 회사에서 생산하는 약) 시장을 주목하고 있다. 세계 최대 제네릭 의약품 생산국인 인도에서도 코로나19 유행이 시작됐다는 이유에서다. 국제제네릭·바이오시밀러의약품협회(IGBA)에 따르면 세계 백신·항레트로바이러스 의약품 시장의 60% 이상을 인도산 제품이 차지한다. 유니세프 연간 공급량의 30%, 유엔 의약품 구매의 60~80%를 인도에서 공급한다. 권용진 서울대병원 중동지사장은 "인도에서 코로나19가 본격적으로 유행하면 제네릭 품질관리 부문에서 세계적 수준인 한국으로 관심이 집중될 것"이라고 했다.

| 비대면 진료가 확대된다 |

국내 코로나19 사태가 본격화된 2020년 3월 의료기관 입원 환자는 26% 정도 줄었다. 건강보험 관련 국내 의료기관 매출이 한 해 78조 원인 것을 고려하면 1조 7,000억 원 규모의 시장이 사라졌다는 의미다. 병원에 가는 환자가 크게 줄었기 때문이다. 병원은 환자가 치료를 위해 가장 먼저 찾는 곳이다. 감염병에 취약한 시설이다. 비대면 진료 방식인 원격진료가 이런 감염 위험을 줄일 수 있는 대안으로 주목받는 이유다.

코로나19는 한국에서 원격진료 시대를 열었다. 정부는 코로나 19가 확산되자 2월 24일부터 한시적으로 의사가 환자를 전화로 진료 및 처방할 수 있도록 했다. 환자가 직접 병원을 찾아 코로나19에 감염되는 것을 막기 위해서다. 국내 의료법에선 의사와 환자 간 원격진료를 금지하고 있다. 그런데 전화진료가 허용된 지 50일 만에 처방 건수가 10만 건을 넘었다. 환자 만족도는 높았다. 최기준 서울아산병원 심장내과 교수는 "만성질환자는 꾸준히 약을 먹어야 하는데 코로나19 때문에 병원을 찾지 않아 약을 먹지 않으면 건강을 해칠 위험이 있다"며 "병원을 찾기 어려워하던 환자가 전화진료를 받은 뒤 편하고 좋다고 했다"고 전했다.

코로나19 사태 이후 외국도 원격진료를 확대하고 있다. 일본 후생노동성은 4월 13일부터 환자가 의사에게 받는 첫 진료에도 원격진료를 허용했다. 의사는 전화나 태블릿PC 등을 활용해 환자를 진료하면 환자를 대면해 진료할 때 받는 진료비(2,880엔)의 4분의 3 정도인 2,140엔을 받을 수 있다. 미국 정부도 나섰다. 3월 30일 공공보험 메디케어를 통해 원격진료 서비스를 확대하겠다고 발표했다. 가입자는 6,000만 명에 이른다.

이전에는 정기 진료 환자만 제한적으로 원격진료 서비스를 받을 수 있었지만 코로나19 확산에 따라 앞으로는 모든 의료기관에서 원격진료 서비스를 받을 수 있다. 이를 위해 배정된 예산은 5억 달러(약 6,080억 원)다.

변화를 요구하는 의학계 목소리도 커지고 있다. 4월 2일 세계적

학술지 〈뉴잉글랜드저널오브메디슨〉에는 '코로나19와 헬스케어 디지털 혁명'이라는 논평이 실렸다. 코로나19 사태를 통해 아날로그식 의료 시스템의 한계를 깨닫고 디지털 혁명을 받아들여야 한다는 취지다. 시리나 키사라 스탠퍼드대학교 의대 교수 등은 "면대면 진료 방식으로 바이러스가 전파될 위험이 있다"며 "화상진료는 물론 스마트폰 애플리케이션, 챗봇 등을 모두 활용해야 한다"고 했다. 이들은 "구글보이스 등 음성 시스템이나 스마트워치 등 모바일 센서 같은 기술도 허용해야 한다"고 했다.

전문가들은 코로나19 이후 개인 맞춤형 홈트레이닝, 건강 컨설팅 등 병원 밖 건강관리 서비스 시장은 더욱 커질 것이라고 전망한다. 질환 예방 서비스도 마찬가지다. 미세먼지 경보 등을 활용해 천식 등 알레르기 질환자에게 맞춤형 건강 팁을 제공하는 서비스 등이다. 그동안 병원과 제약회사가 중심에 섰던 질병 관련 시장은 보험, 식품, 헬스트레이닝 업체 등으로 확대될 가능성이 높다.

의료는 대표적 노동집약 산업이다. 환자 치료는 물론 병원 내 청소 등 대부분 업무를 사람이 담당하기 때문이다. 의료계에서는 이런 업무 중 상당수가 비대면 방식으로 바뀔 것으로 내다봤다. 일부 병원은 매일 의사들이 모여 환자 사례를 공유하는 콘퍼런스를 온라인 화상회의로 바꾸기도 했다. 병원 청소로봇을 들여놓는 등 로봇처리자동화(RPA) 시스템을 도입하는 병원도 늘었다.

02
홈오피스 산업이 뜬다

재택근무를 가능케 한 것은 IT다. 특히 IT 협업 도구들의 성능이 크게 개선되고 있다. 그룹 메신저, 원격회의 시스템, 업무 관리, 원격 PC 제어 등이 대표적이다. 이를 사용하면 출근한 것과 크게 다르지 않은 업무 환경이 마련된다. 서울 방배동에 사는 직장인 A씨의 홈오피스가 대표적인 예다. 그는 요즘 매일 오전 8시 55분에 침실 옆방으로 출근한다. 신한은행 콜센터 직원으로 일하는 A씨는 오전 9시부터 걸려오는 고객의 전화를 받아 은행 서비스 관련 민원을 모두 해결해준다. 옆방 출근, 즉 재택근무를 한 지는 한 달 정도 됐다.

간단해 보이지만 신한은행은 이 같은 업무 환경을 만들기 위해 많은 투자를 했다. 우선 고객 정보 등 데이터 보안을 위해 기존 인터넷망이 아닌 별도의 네트워크를 회사와 A씨의 집 사이에 설치했다. 중요한 정보가 A씨 집의 단말기에서 빠져나갈 가능성도 차단하기 위해 USB 등을 사용할 수 없는 전용기기도 배치했다. 신한은행은 이 같은 이중 삼중의 정보보안 시스템을 갖춘 끝에 금융감독원으로부터 콜센터 재택근무 시스템에 대한 승인을 이끌어낼 수 있었다. 코로나19에 따른 재택근무 확산이 관련 하드웨어 및 소프트웨어 산업을 견인하고, 홈오피스를 되돌릴 수 없는 흐름으로 자리 잡게 한 것이다.

| 홈오피스 기기와 소프트웨어의 급성장 |

재택근무 확대로 홈오피스 관련 제품의 매출은 급증했다. 위메프의 경우 2020년 3월 12일부터 4월 1일까지 웹캠 판매가 2019년 같은 기간 대비 30배가량 늘었다. 온라인 강의 촬영에 필요한 캠코더, 삼각대, 방송용 마이크의 판매 증가율은 각각 796%, 699%, 68%였다. 이 기간 노트북 판매는 44%, 태블릿PC는 40%, 모니터는 53% 늘었다. 위메프는 "2월 말부터 기업들이 재택근무 인원을 늘리고 비대면 채용을 확대했다"며 "여기에 학원들이 온라인 강의를 시작하고 각급 학교도 온라인 개학을 예고하면서 관련 IT 기기 매출이 크게 늘었다"고 설명했다. 이베이코리아 집계에서도 비슷하게 나타났다. 2020년 1분기 노트북 판매는 1년 전보다 11% 늘었다. 모니터는 12%, 웹캠은 53%, 마우스는 64% 증가했다.

판매 급증한 홈오피스 관련 기기

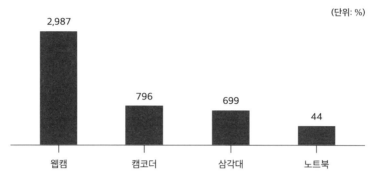

(단위: %)

2,987 웹캠
796 캠코더
699 삼각대
44 노트북

※ 2019년 3월 12일~4월 1일 대비 2020년 같은 기간 판매 증가율
자료: 위메프

유럽에선 재택근무용 노트북의 수급 차질 우려까지 나오기도 했다. 영국 일간지 〈텔레그래프〉에 따르면 영국 최대 컴퓨터 판매업체인 컴퓨터센터(Computacenter)의 CEO 마이크 노리스는 "노트북 수요가 급증해 현 상황이 지속될 경우는 문제가 생길 수 있다"고 말했다. 세계 주요 노트북 생산업체 상당수가 코로나19 확산으로 경제 활동이 멈춘 중국에서 노트북을 만들고 있는 것도 우려 요인이다.

홈오피스 관련 소프트웨어 시장도 크게 성장하고 있다. 글로벌 시장조사업체 스태티스타(Statista)는 글로벌 협업 소프트웨어 시장의 규모가 2019년 114억 8,400만 달러(약 14조 1,609억 원)에서

2023년 135억 8,200만 달러(약 16조 7,506억 원)까지 커질 것으로 분석했다. 이런 전망도 코로나19가 확산되기 전에 예측한 것이다. 관련 시장은 이전의 예상보다 몇 배는 더 커질 것이란 게 IT 업계의 분석이다. 이에 따라 네이버, 카카오, NHN, 삼성SDS, 알서포트, 이스트소프트, MS, 구글 등 국내외 IT 기업들이 대부분 관련 제품을 내놓고 있다.

증강현실(AR)·가상현실(VR), 홀로그램 등 첨단 IT도 재택근무에 활용될 전망이다. 김정민 소프트웨어정책연구소 연구원은 "VR 기기 등으로 멀리 있는 동료가 바로 옆에 있는 듯한 근무 환경을 갖추는 것도 조만간 가능해질 것"이라고 말했다. 정부는 2020년 25억 원을 투자해 AR, VR, 홀로그램 등을 활용한 가상회의 및 강의 시스템 기술 개발을 지원할 예정이다.

| 홈오피스 산업이 해결해야 할 과제 |

하지만 일각에선 홈오피스 산업이 더 크기 위해서는 해결해야 할 과제도 있다는 지적이 나온다. 우선 해킹 등 사이버 공격이 늘어날 수 있다는 우려가 제기된다. 기존에는 직장인들이 사옥에서 근무하면서 안전한 사내 전산망의 보호를 받았다. 하지만 직원들이 집에서 PC 및 노트북으로 보안이 떨어진 인터넷망을 사용하면서 대량의 기업 관련 데이터가 외부로 유출되고 있다. 마이크 로저스 전

미 국가안보국(NSA) 국장은 "지금은 악당들이 사이버 공격을 시도해 성공할 가능성이 높은 상황"이라고 경고했다. 코로나19가 확산되면서 사용자가 급증한 화상회의 서비스 줌의 보안도 취약하다는 지적을 받으며 논란이 되기도 했다.

인터넷망의 안정성도 확보돼야 한다. 인터넷망이 잠시만 끊겨도 업무 공백이 클 수밖에 없다. 2018년 11월에는 세계 1위 클라우드 서비스업체인 아마존웹서비스(AWS)에 장애가 생겨 국내 주요 온라인 서비스가 약 두 시간 동안 중단되는 사고가 발생하기도 했다.

재택근무가 업무 효율성을 떨어뜨릴 수 있다는 주장도 나온다. 비대면으로는 직원 간 협업 속도가 떨어질 수밖에 없다는 의견이다. 한곳에 모일 때 직원의 창의성이 극대화된다는 분석도 나온다. 이런 이유로 IBM은 2017년 재택근무를 폐지하기도 했다. 같은 이유로 야후(Yahoo)도 2012년 재택근무를 폐지했다. 당시 야후의 CEO였던 머리사 메이어는 "최고의 의사결정이나 혁신은 때로 회사 복도나 식당에서 나올 수도 있다"고 주장했다.

| '올인룸' 현상의 확산 |

코로나19가 주거 문화도 바꾸고 있다. 재택근무와 온라인 강의 등이 증가하면서 주택 시장에 '올인룸'(all in room) 현상이 빠른 속도로 확산됐다. 올인룸은 '방 하나에 모든 것을 갖춘다'는 뜻이다. 코로나19 시대에 방이라는 공간은 일하고 식사하고 휴식까지 할 수 있도록 만능 기능을 갖춰야 한다는 얘기다.

피데스개발 R&D센터는 2019년 말에 발간한 보고서 〈2020~2021 주거공간 7대 트렌드〉에서 올인룸에 이미 주목했다. 김승배 피데스개발 대표는 "4차 산업혁명으로 주거 공간이 경계를 초월하게 됐다"며 "앞으로 집이 휴식 공간을 넘어 청년들의 창업 기지, 직장인의 재택업무 공간, 학생들의 공부방으로 활용되는 사례가 확대될 것"이라고 강조했다. 김 대표는 "코로나19 사태로 많은 기업과 사람들이 대면과 비대면이 각각 요구되는 상황을 경험했다"며 "더 효율적인 방식을 찾아가는 과정에서 비대면 업무 비중이 늘어날 것"이라고 덧붙였다.

대형 면적 아파트 선호 현상도 나타날 수 있다는 전망도 나온다. 심교언 건국대학교 부동산학과 교수는 "'방에서 방으로 출근'하고 집에서 모든 걸 해결하려다 보면 그만큼 넓은 공간이 필요하다"며 "침실과 업무 공간, 학습 공간을 분리하는 과정에서 보다 많은 방을 원하는 가정이 늘어날 것"이라고 전망했다.

창의력 향상을 위해 천장을 높이는 공간 디자인이 확산될 것이라는 분석도 나온다. 조앤 메이어스레비 미국 미네소타대학교 경영학과 교수팀은 높은 천장 아래서 문제를 푼 사람들이 낮은 천장의 공간에서 문제를 푼 사람들보다 좀 더 자유롭고 창의적으로 생각하는 경향을 보인다는 연구 논문을 내놓았다. 보고서는 이를 근거로 현재 2.4m 수준인 천장고를 3.0m 수준으로 높인 특화된 주택이 늘어날 것이라고 내다봤다.

집에서 장시간 머물기 위해 실내 공기질을 개선하는 시설에 대한 요구가 강해질 것이라는 분석도 나왔다. 정명기 GS건설 건축주택마케팅팀 부장은 "미세먼지와 코로나19 등으로 인해 공기 정화, 에어샤워 최첨단 기능을 갖춘 신축 아파트에 대한 거주민의 만족도가 높다"며 "앞으로 주요 분양 단지에 차세대 공기청정 시스템이 확대 적용될 것"이라고 말했다.

03
유통 산업, 온라인이 석권할 것인가?

2020년 1월 중하순, e커머스 기업 쿠팡에 갑자기 주문이 폭주하기 시작했다. 설 연휴가 끝난 직후였다. 쿠팡 측은 대수롭지 않게 여겼다. 연휴가 끝나면 으레 있는 일이었다. 며칠 주문이 몰렸다가 정상으로 돌아가곤 했다.

하지만 이번엔 달랐다. 주문 폭주는 계속됐다. 코로나19 환자가 국내에서 나온 영향이었다. 1월 28일 급기야 하루 로켓배송 주문량이 약 330만 건까지 치솟았다. 최고치였다. 평소에는 200만 건 안팎이던 주문량이 70%가량 증가했다. 쿠팡은 회원들에게 급히 '배송 지연' 안내 공지를 띄웠다. 여간해선 없는 일이었다. 전 직원이 달라붙어도 제시간에 물건을 보내기 버거웠다. 김범석 쿠팡 대표는 직원들에게 메일을 보냈다. "예상치 못한 비상 상황이다. 총력을 다해 대응해달라."

쿠팡의 '비상 상황'은 이후에도 끝나지 않았다. 오히려 더했다. 대구·경북 지역을 중심으로 신천지 교인의 바이러스 감염 확산이 본격화된 2월부터는 '품절 사태'까지 겪었다. 물건이 없거나 배달할 차와 배달원이 없어서 팔지 못했다. 코로나19 환자가 크게 감소한 4월까지도 주문량은 과거로 돌아가지 않았다. '비상의 일상화'였다.

쿠팡의 사례는 코로나19 시대의 소비 트렌드를 단적으로 보여준다. 코로나19는 기존 소비 시장의 질서와 판도를 뒤흔들었다. 비대면 소비를 뜻하는 '언택트 소비'의 확산. 이 거대한 물결에 오프라인 유통회사는 속절없이 빨려들어갔다. 백화점, 대형마트는 더이상 유통 산업을 주도할 수 없게 됐다. 쿠팡 등 온라인 유통업체가그 자리를 대신했다.

한번 가속이 붙은 이 흐름은 코로나19 사태 종식 이후에도 되돌리긴 힘들 전망이다. 쇼핑은 이제 '당연히' 온라인에서 하고, 오프라인에선 가끔 하는 형태로 바뀔 것으로 유통 전문가들은 예상하고 있다.

| 온라인 쇼핑의 세계적 확산 |

온라인 쇼핑의 확산은 전 세계적 현상이다. 국내만 국한된 것이 아니다. 세계 최대 e커머스 기업 아마존은 2020년 3월 프라임 팬트리의 서비스 중단을 선언했다. 쿠팡과 이유는 비슷했다. 감당할 수 없을 만큼 주문이 밀려들었다. 프라임 팬트리는 아마존의 신선식품 배송 서비스다. 재난에 사람들은 먹을 것부터 사재기하기 시작한다. 아마존의 기존 배송망은 사재기에 버텨내지 못했다. 아마존이 끊기자 다음은 마트와 슈퍼였다. 미국과 유럽의 방송, 신문은 마트와 슈퍼의 텅 빈 매대를 집중 보도했다. 아마존이 제 기능을 못하면서 벌어진 일이었다.

주문 폭주는 상상 이상이었다. 시장조사업체 커머스IQ(Commerce IQ)에 따르면 2020년 2월 20일부터 같은 해 3월 15일까지 아마존에서 일반 감기약 판매가 전년 동기 대비 9배 이상 늘었다. 개 사료 주문은 13배, 타월과 화장지 판매는 3배가량 증가한 것으로 추정됐다.

이런 사례는 허다하다. 2020년 초부터 중국에선 알리바바(Alibaba)에 엄청난 주문이 들어왔다. 코로나19가 최초로 발생한 중국은 온라인 쇼핑 분야에서 세계 최고 경쟁력을 보유하고 있다. 대도시의 경우 하루, 이틀이면 온라인에서 산 물건이 도착한다. 도시가 폐쇄되고, 이동제한 조치가 내려졌어도 사회적 혼란이 비교적 덜했던 이유다.

중국인들은 이번 코로나19 재난에 대응해 스마트폰을 켰다. 30분 이내에 배송을 해주는 알리바바 허마센셩의 2020년 1~2월 온라인 주문량은 전년 동기 대비 220% 급증했다. 알리바바의 온라인 쇼핑몰 타오바오(Taobao) 내 라이브 총 거래액(GMV)은 2019년까지 3년 연속 150% 이상의 성장률을 보였다. 타오바오 라이브는 TV 홈쇼핑처럼 판매자가 나와서 생방송으로 소비자와 소통하며 물건을 판매하는 미디어 커머스다. 2020년 들어선 판매자가 급격히 늘었다. 2월 타오바오 라이브의 신규 판매자 수는 전달 대비 719%나 급증했다.

영국에선 온라인 슈퍼마켓 오카도(Ocado) 사이트가 3월 내내 주말마다 마비되는 사태가 벌어졌다. 오카도는 신규 고객 가입을 잠정적으로 중단했다. 기존 고객은 온라인에서 '가상의 줄'을 세웠다. 줄을 세운 뒤 순서대로 주문이 가능하도록 했다.

| 오프라인 유통업체의 몰락 |

코로나19 시대 이전에도 온라인 쇼핑은 영토를 넓히고 있었고, 오프라인 유통사 매출을 빼앗고 있었다. 하지만 오프라인 유통사를 넘어설 정도는 아니었다. 미국 온라인 유통사 1위 아마존과 오프라인 유통사 1위 월마트(Walmart)를 보면 알 수 있다.

2019년 아마존의 매출은 2,805억 달러로, 월마트의 매출 5,103억 달러의 절반 수준에 그쳤다. 임직원 수도 월마트가 훨씬 많다. 아마존은 약 79만 명, 월마트는 약 220만 명이다. 아마존 직원 수는 월마트의 3분의 1 수준밖에 안 됐다. 아마존이 월마트를 넘어선 것은 수익성밖에 없었다. 아마존의 순이익은 116억 달러로 월마트의 66억 달러 대비 두 배가량 많았다.

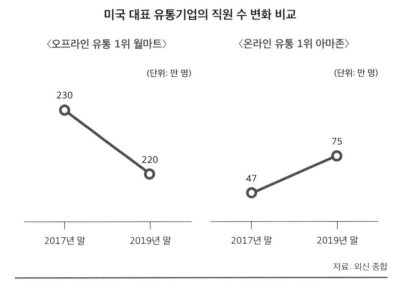

미국 대표 유통기업의 직원 수 변화 비교

〈오프라인 유통 1위 월마트〉 　　　　　 〈온라인 유통 1위 아마존〉

(단위: 만 명)　　　　　　　　　　　 (단위: 만 명)

230　　　　　　　　　　　　　　　　　　75

220　　　　　　　　　　　　47

2017년 말　　2019년 말　　　　2017년 말　　2019년 말

자료: 외신 종합

하지만 코로나19 확산 이후 상황이 바뀌었다. 그 변화는 급격하게, 나타났다. 오프라인 유통사들은 속절없이 무너졌다.

미국의 고급 백화점 니만마커스(Neiman Marcus)의 파산 위기는 상징적이다. 코로나19가 '결정타'를 먹였다. 미국에서 다중이용시설 폐쇄가 속속 이뤄진 영향이었다. 니만마커스는 2020년 3월 기준 직영점 43곳, 할인 매장 라스트콜 20곳, 최고급 명품 백화점 버그도프굿맨 2곳 등의 문을 닫았다. 직원 약 1만 4,000명은 무급 휴직에 들어갔다. 호흡기에 의지해 간신히 연명 치료를 받아왔던 환자에게 호흡기를 뗀 것이나 다름없었다. 미국의 '서민 백화점' JC 페니(JCPenny), 미국 최대 백화점 메이시스(Macy's) 등도 경영 상태가 급격히 악화됐다. 한 시대를 군림했던 '유통 공룡'은 코로나19에 멸종을 앞둔 신세가 됐다. 앞서 파산한 시어스(Sears) 백화점, 패스트패션(SPA) 브랜드 포에버21(Forever21) 등의 전철을 밟고 있다. 이를 두고 외신은 "오프라인 소매업의 종말"이라고 표현했다.

코로나19가 잦아들기 전까진 어쩔 수 없이 적어도 이동 제한과 격리의 시대를 살아야 한다. 앞으로도 세계 각국은 바이러스의 확산을 막기 위해 도시를 봉쇄하는 수준까진 아니더라도 수시로 이동 제한에 나설 가능성이 높다. 사람들은 집 안에 머물면서 필요한 물품을 스마트폰으로 사는 것이 일상이 됐다. 백화점, 마트, 슈퍼 등 오프라인 유통이 이전처럼 사람들로 가득 차고 매출이 늘어나는 상황은 다시 오지 않을지도 모른다.

| 기술 혁신이 뒷받침된 온라인 쇼핑의 혁명 |

온라인 쇼핑의 확산은 코로나19 때문만은 아니다. 언택트 소비를 뒷받침할 수 있는 기술과 배송 인프라 등이 있었기에 가능했다.

아마존, 알리바바 등은 이전부터 '혁신'을 거듭했다. 과거 자동차, 휴대폰 등 제조 분야가 이끌었던 산업 혁신의 바통을 이들이 넘겨받았다. 전 산업 중에 가장 역동적으로 움직였던 것은 e커머스였다. 특히 '배송 혁신'은 소비자들이 온라인으로 돌아선 결정적 계기가 됐다.

아마존은 2019년 4월 "24시간 이내 배송에 나서겠다"고 해서 세계를 깜짝 놀라게 했다. 유료 회원 서비스인 아마존 프라임을 통해 주문 시점으로부터 하루 이내에 배송을 완료하겠다는 것이었다. 한국에선 하루 배송이 일상화됐으나, 땅이 넓은 미국은 빨라도 2~3일씩 걸린다. 그나마 가장 빠른 것이 기존 아마존 프라임의 48시간 배송이었다.

아마존의 혁신은 오프라인 유통사로 확산됐다. 월마트가 선두주자였다. 다른 오프라인 유통사처럼 멸종하지 않으려고 온라인 환경에 적응했다. 2016년 8월 e커머스 기업 제트닷컴(Jet.com)을 시작으로 슈바이(Shoebuy, 신발), 무스조(Moosejaw, 아웃도어), 모드클로스(ModCloth, 여성 패션) 등의 온라인몰을 차례로 인수하며 '월마트 온라인 연합군'을 구성했다. 이를 기반으로 아마존과 맞섰다.

아마존이 24시간 배송을 발표한 직후 곧바로 미국 피닉스, 라스베이거스 등에서도 24시간 배송 서비스를 실시했다. 아마존과 월마트 두 거대 유통사가 모두 한국처럼 '로켓배송'을 시작한 것이다.

중국에선 '30분 배송'까지 등장했다. 중국 1위 e커머스 기업 알리바바가 운영하는 신선식품 전문 매장 허마셴성은 매장 인근 3km에 있는 곳까지 30분 안에 배송을 해준다. 상하이, 베이징 등 대도시를 중심으로 시작된 이 서비스는 중국의 2선, 3선 도시로 빠르게 확산되고 있다.

빠르게 성장하고 있는 온라인 유통 시장

〈국내 소매 시장에서의 온라인 비중〉

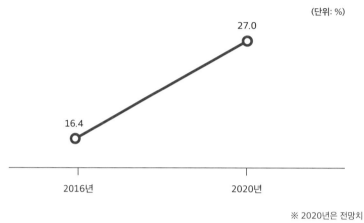

(단위: %)

27.0

16.4

2016년 　　　　2020년

※ 2020년은 전망치
자료: 통계청, 한국온라인쇼핑협회

〈온·오프라인 유통회사 매출 증감률〉

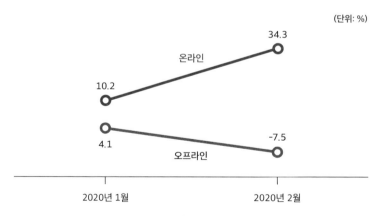

(단위: %)

34.3

온라인

10.2

4.1

오프라인

-7.5

2020년 1월 　　　　2020년 2월

※ 전년 동월 대비
자료: 산업통상자원부

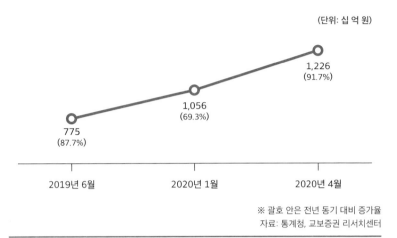

〈음식 서비스 온라인 거래 규모〉

(단위: 십 억 원)

1,226
(91.7%)

1,056
(69.3%)

775
(87.7%)

2019년 6월   2020년 1월   2020년 4월

※ 괄호 안은 전년 동기 대비 증가율
자료: 통계청, 교보증권 리서치센터

한국은 더하다. 온라인 쇼핑의 배송 시스템은 혁신을 뛰어넘어 혁명적이란 평가까지 듣는다. '새벽배송'이 특히 그렇다. 세계 어디에도 없는 새벽배송이 보편화됐다.

2016년 마켓컬리가 처음 시작한 새벽배송은 현재 쿠팡, 쓱닷컴, GS프레시 등 대부분의 유통사가 시행하고 있다. 밤늦게 주문해도 그다음 날 아침 7시 이전까지 물건이 오는 시스템은 온라인 쇼핑의 확산을 더 가속화했다. 새벽배송은 특히 신선식품을 온라인으로 사는 것에 불을 댕겼다. 사람들은 고기, 채소, 과일을 거리낌 없이 온라인 쇼핑으로 사기 시작했다. 눈으로 보고 만져봐야 안심이 됐던 사람들조차 온라인이 편하다고 말한다. 특히 코로나19가 50~60대 이상의 장년층이 유입되는 계기가 됐다. 기존에 온라인을 잘 이용하지 않았던 이들은 코로나19 시대에 가장 활발히 온라인 쇼핑을 즐기고 있다. 코로나19가 특히 고령층에 치명적이라는 인식이 퍼지면서 이들이 온라인 쇼핑을 해야 하는 당위성도 커졌다.

| 사회적 인프라 역할까지 수행하다 |

e커머스는 사회적 인프라 기능까지 수행하고 있다. 미국에선 코로나19 확산이 본격화된 2020년 3월 전국의 배송망이 무너졌다. 페덱스(Fedex), UPS 등이 제대로 운송 업무를 수행할 수 없었다. 그러자 병원들이 난리가 났다. 마스크, 손세정제 등이 턱없이 부족했다. 미국 연방정부가 도움을 청한 곳은, 트럼프 대통령이 그 이전까지 원색적으로 비난했던 아마존이었다. 아마존은 정부 요청에 응답했다. 전국의 물류센터와 배송망을 가동시켰다. 병원들의 의료장비난은 빠르게 해소됐다. 그러자 캐나다 정부도 나서서 아마존에 의료장비 유통에 도움을 달라고 요청했다.

아마존은 정부가 해야 할 역할까지 일부 해냈다. 사재기에 팔을 걷어붙였다. 미국에서 사재기가 발생한 의약품과 생필품을 우선 비축했다. 필수품이 아니라면 배송을 늦췄다. 판매자 중에 코로나19로 폭리를 취하려는 업체들을 골라냈다. 100만 개 가까운 상품을 판매 목록에서 지웠다. 〈파이낸셜타임스〉는 "아마존이 코로나19 시대에 적십자의 역할을 하고 있다"고 했다.

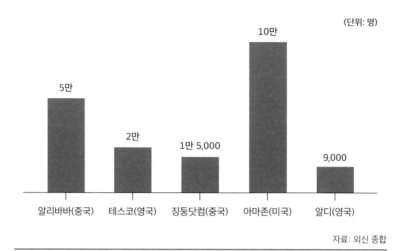

코로나19 사태 이후 채용 늘리는 외국 유통업체들

(단위: 명)

- 알리바바(중국): 5만
- 테스코(영국): 2만
- 징둥닷컴(중국): 1만 5,000
- 아마존(미국): 10만
- 알디(영국): 9,000

자료: 외신 종합

일자리 창출도 e커머스가 주도하고 있다. 아마존은 2020년 3월 풀타임 직원 10만 명을 한꺼번에 고용했다. 4월 들어선 곧바로 7만 5,000명을 추가 채용한다고 나섰다. 중국 알리바바와 징둥닷컴도 코로나19 사태 직후 각각 배송인력을 5만 명과 1만 5,000명씩 더 뽑기로 했다. 이들은 IT, 콜센터, 물류센터 등의 분야에서 직원이 많이 필요했다.

이는 오프라인 유통사가 줄인 일자리를 어느 정도 상쇄하는 것이었다. 오프라인 유통사는 코로나19 시대에 매장을 계속 줄여나가고 있다. 이 탓에 대량의 실업이 사회 문제가 됐다. 오프라인 유통업은 제조업과 달리, 자동화가 어려워 대규모로 사람을 뽑고 내보낸다.

04
부상하는 온라인 에듀케이션 산업

사상 첫 온라인 개학은 IT 기술이 있어 가능했다. 절반은 IT 기업들이 책임졌다는 말까지 나온다. 'IT 공룡'부터 스타트업들까지 온라인 화상 수업 현장을 지원했다. 처음엔 기술 장애가 발생하면서 IT 업체들의 능력에 의구심이 생기기도 했다. 하지만 문제가 해결되면서 IT 기업들에 대한 신뢰는 회복되고 있다. IT업계는 새롭게 시도되는 온라인 에듀케이션 산업의 핵심인 인공지능을 주목한다.

| 온라인 개학에 시험대 오른 IT 기업들 |

온라인 개학은 모든 학생이 비대면 수업을 인터넷을 통해 받는 것을 말한다. 학생들이 출석체크를 하고, 동영상 수업을 듣고, 과제를 내기 위해선 웹사이트나 애플리케이션이 필요하다. KERIS의 e학습터와 EBS의 온라인클래스가 대표적인 학습관리 시스템(LMS, 온라인 학습을 관리하는 플랫폼)이다.

여기에 접속하는 학생과 교사들이 발생시키는 데이터를 안정성 있게 처리해야 하니 서버가 중요할 수밖에 없다. e학습터와 온라인 클래스를 서비스하는 클라우드 서버를 각각 네이버의 자회사 네이버비즈니스플랫폼(NBP)과 MS가 맡다 보니 두 기업도 주목을 받게 됐다.

온라인 개학 첫날인 4월 9일, 온라인클래스에선 오전부터 접속 장애가 일어난 데 이어 그 이후에도 연달아 장애가 발생해 마이크로소프트의 체면이 구겨지기도 했다. NBP가 맡은 e학습터는 플랫폼 자체에서 발생한 장애는 없는 것으로 확인됐다. 이렇다 보니 원활한 접속을 자랑한 구글의 클래스룸 등이 호평을 받기도 했다.

e학습터, 온라인클래스 외에도 다양한 서비스들이 운영됐다. 공공에서는 KERIS가 운영하는 학급운영 커뮤니티 '위두랑', 민간에서는 교육 스타트업 클래스팅이 운영하는 교육용 SNS '클래스팅', 아이스크림미디어가 제공하는 '하이클래스' 등이 대표적이다. 다만 2차 온라인 개학일이었던 4월 16일에 이들 서비스도 잠시 먹통이 돼 교육 현장에서 '멘붕'이 일어나기도 했다. 장애를 예측한 교사들이 긴급히 네이버의 SNS 밴드, 카카오 메신저인 카카오톡을 활용해 2차, 3차 방어선을 구축하는 웃지 못할 해프닝도 발생했다. 특히 네이버 밴드는 온라인 개학 특수를 맞아 출석 확인과 영상별 진도 확인, 과제물 등록, 라이브 방송 기능을 지원하기 시작했다.

현장에서 쌍방향 수업이 강조되다 보니 실시간 화상회의 솔루션도 쓰였다. 줌비디오커뮤니케이션(Zoom Video Communications)의 줌, 시스코(Cisco)의 웹엑스, 구글의 미트 등이 학교의 모니터들에 나타났다. 온라인 개학날 역시 과다한 접속으로 채팅방에서 튕기거나, 소리나 화면이 제대로 전달되지 않는 등의 현상이 발생하기도 했다.

가장 널리 알려진 솔루션인 줌에 대한 보안을 우려하는 목소리가 나오기도 했다. 교육부는 온라인 개학을 앞두고 발표한 10대 안전 수칙에서 '보안이 취약한 영상회의 애플리케이션 또는 웹은 사용하지 않거나 보안패치를 한 후에 사용할 것'을 권고했다. 교육부가 줌을 직접 언급하진 않았지만, 보안 이슈가 불거진 줌을 사실상 금지한 것이란 해석이 나왔다. 여전히 현장에서는 흔히 이용되고 있어 우려를 불식시키지는 못하는 상황이다. 〈블룸버그〉 등 외신은 싱가포르 교육부가 최근 일부 학교에서 줌을 이용한 온라인 수업 도중 해커들이 수업 중이던 학생들에게 음란물을 전송하는 등 사고가 일어나자 일선 학교에 줌 사용을 제한했다고 보도했다.

온라인 수업에 필요한 PC, 노트북, 웹캠 등 하드웨어 시장도 코로나 특수를 맞았다. PC 시장은 통상 1, 2월이 성수기로 꼽힌다. 개학, 입학을 앞두고 기기를 장만하려는 소비자가 몰리기 때문이다. 하지만 2020년의 경우 4월 들어서도 PC 판매가 호조를 보였다. 온라인 개학에 '장비'를 구비하려는 학부모와 학생들 때문이었다. 오픈마켓 11번가에 따르면 3월 중고·리퍼브 PC와 노트북 판매량은 전달보다 15% 늘었다. 노트북은 전월 대비 23% 증가했다. 11번가 관계자는 "코로나19로 EBS 등 동영상 강의를 보기 위해 PC, 노트북 등 스마트기기를 찾는 수요가 크게 늘었다"고 말했다.

| 온라인 개학 전 도입된 스마트 홈스쿨링 |

온라인 개학 전에 학생들의 학습 공백은 무엇으로 채워지고 있었을까. 학생들은 이미 학원에서 온라인 강의를 듣고 있었다. 이 같은 교육 관련 산업 전체를 홈스쿨링이라 한다. 에스티유니타스가 운영하는 온라인 초등교육 서비스 '일간대치동'은 2020년 3월 매출이 2019년 3월에 비해 198% 증가했다. 웅진씽크빅의 초등생 스마트디지털 학습지 '스마트올'의 3월 회원 수는 전월 대비 47% 늘었다. 웅진씽크빅 관계자는 "현재의 초등학생은 어릴 때부터 스마트폰 조작법에 익숙하기 때문에 태블릿PC로 강의 듣는 것을 오히려 편하게 생각한다"고 설명했다.

웅진씽크빅, 교원, 대교, 천재교육, 아이스크림에듀 등 주요 초등생 대상 스마트교육 업체 5곳의 회원 수는 2020년 3월 기준 118만 명으로 집계됐다. 국내 초등학생 수가 260만 명인 것을 감안하면 40% 이상이 집에서 IT 기기로 온라인 학습을 하고 있는 셈이다.

스마트 홈스쿨링 서비스가 바로 안착한 것은 아니다. 아무래도 아이 교육은 '직접' 돌봐주는 교사가 있어야 효과적이라고 생각하는 학부모가 많았다. IT 기기 중독에 대한 걱정도 있었다. 코로나19로 인해 시장의 수요가 확 뛰었다는 것이 업계의 설명이다. 학부모들의 감염 우려로 여러 명의 학생들을 대면으로 만나는 학습지 교사보단 '손길'은 부족하지만 비대면으로 안전하게 학습할 수 있는 서비스로 눈을 돌리게 됐다.

스마트 홈스쿨링은 통상 태블릿PC를 기반으로 한다. 가입하면 업체 측에서 태블릿PC를 지급한다. 이 안에는 아이들이 좋아할 만한 글이나 영상, 그림 등이 있다. 학습 과정에서 교사는 개입하지 않는다. 아이의 학습 상황을 인공지능이 분석하고 올바른 방향을 제시해준다. 사실상 AI가 교사 역할을 하는 셈이다.

ㅣ성인들도 학원 대신 '인강'으로ㅣ

사회적 거리두기는 취업준비생과 직장인 교육 시장에도 영향을 미쳤다. 다수가 참여하는 학원에 가기 부담스러운 성인들이 비대면 교육을 선호하고 있는 것이다.

가장 기본적인 자기계발 학습으로 꼽히는 전화영어부터 성장하고 있다. 대교의 통신학습 프로그램인 대교스피킹(전화영어·화상영어·전화일본어) 회원 수도 크게 늘고 있다. 3월 대교스피킹 회원은 전달보다 62.9% 늘었다. 24시간 일대일 영어회화 서비스 튜터링도 1월 대비 3월 수업 건수가 120% 증가했다.

취업 등 입사 관련 시험을 앞둔 성인 중에도 '인강'(인터넷 강의)에 의존하는 이용자가 급증하는 분위기다. 토익, 토플, 오픽, 텝스 등 대학 졸업이나 취업에 필요한 영어 시험 관련 강좌를 제공하는 영단기는 2020년 1~2월 유료 수강생이 전년 동기 대비 379% 늘었다.

성인 인강은 다양한 분야로 확장되는 추세다. 단순한 직무 교육에서 벗어나 전문가로부터 비법을 전수할 수 있는 인터넷 동영상 강의가 늘고 있다. 요리, 미용, 음악, 웹툰 등의 분야가 인기다. 이전엔 스승을 찾아 도제식으로 직접 가르침을 받아야 했던 영역이다. 패스트캠퍼스, 클래스101 등 교육 스타트업을 중심으로 프리미엄 인터넷 강의 서비스가 확산되는 모습이다. 성인 대상 실무교육 업체 패스트캠퍼스는 2019년 '콜로소'를 출시했다. 요리에는 이준 셰프, 웹툰은 주호민 작가, 미용은 엘 헤어디자이너 등 각 분야의 쟁쟁한 전문가들을 끌어들였다. 온라인 취미 강좌 플랫폼 클래스101도 2019년 5월 격투기 선수 김동현, 마술사 최현우 등을 내세워 '클래스101 시그니처'를 개설했다.

감염 우려로 폐쇄된 공간인 독서실을 가지 못하는 학생들을 공략한 서비스도 나왔다. 이른바 '캠스터디족'을 노린 것이다. 캠스터디란 PC·모바일 기기를 활용한 실시간 동영상 생중계 서비스를 통해 스터디원들과 함께 공부하는 방식이다. 스타트업 구루미는 캠스터디족을 위한 서비스 구루미캠스터디를 제공한다. 이는 카메라를 탑재한 노트북이나 스마트폰 등으로 접속해 학습자 간 공부 모습을 공유하며 이용할 수 있는 일종의 온라인 독서실 서비스다. 스톱워치, 출석부, 공부시간 기록 등 기능을 지원해 독서실에 가기 부담스러운 학생들의 고민을 해결해준다는 설명이다.

업계에서는 코로나19를 계기로 비대면 교육이 더욱 활성화될 것이란 관측이 나온다. 교육업체 관계자는 "유아와 아동부터 성인까지 포괄적인 영역이 비대면 교육으로 이뤄질 것"이라고 했다.

| 집에서도 만나는 선생님의 정체는 '인공지능' |

집에서도 학습을 할 수 있는 배경에는 여러 에듀테크(edu tech) 기업들이 서비스에 탑재한 AI 덕분이다. 스타트업 뤼이드가 선보인 AI 기술을 활용한 토익 학습 솔루션 산타토익이 대표적인 예다. 몇 문제만 풀면 이용자가 앞으로 어떤 문제를 맞히고 틀릴지를 AI가 맞춘다. 더 나아가 AI가 이용자의 학습패턴을 분석해 '더 해야 할 공부'와 '하지 말아야 할 공부', '당신이 맞힐 문제'와 '맞히지 못할 문제'를 세밀하게 분석해준다. 웬만한 스타 강사도 못할 일이다.

AI를 활용해 문제풀이 서비스를 제공하는 애플리케이션 콴다도 주목받고 있다. 스타트업 매스프레소가 운영하는 이 애플리케이션은 학생들이 문제를 풀다가 어려운 문제가 생겼을 때 검색 하나만으로 해설지와 정답을 제공한다. 모르는 문제의 사진을 찍어 콴다에서 검색하면 AI가 매스프레소 자체 데이터베이스(DB)에서 동일하거나 비슷한 문제 및 풀이를 찾아준다.

스타트업 클래스팅도 맞춤 학습 서비스인 클래스팅 AI를 선보였다. 클래스팅 AI는 교과서회사와 제휴해 빅데이터 분석을 통해 이들이 만든 학습 영상이나 참고서 가운데 학생 수준에 필요한 것을 추천한다. 초등학교 교사 출신인 조현구 대표가 교사 없이도 자기주도학습을 할 수 있게 기획했다는 설명이다.

동영상 강의를 만드는 데도 AI가 활용되고 있다. 네이버 클로바더빙은 목소리 녹음 없이 동영상에 더빙할 수 있는 서비스다. 네이버 음성합성 인공지능 기술인 클로바 보이스가 접목돼 사용자가 입력한 문장을 자연스러운 억양과 감정으로 표현한다. 녹음하느라 목이 쉴 필요 없이 말할 문장을 키보드로 치면 끝이다. 자신의 목소리가 노출되는 것을 꺼려하는 교사, 교수들이 클로바더빙을 주목하고 있는 것으로 알려졌다.

05

기로에 선 공유경제

몇 년 전 미국 하와이로 여행을 갔을 때의 일이다. 다른 호텔로 숙소를 옮겨야 해서 호텔 안내 데스크에 택시를 불러달라고 했지만, 체크아웃 시간에 사람이 몰려 기다려야 한다는 답을 들었다. 아내는 택시를 기다리는 대신 휴대폰을 꺼냈다. 몇 분이 지났을까. 택시 표시가 없는 차 한 대가 우리 일행 앞에 섰다. 우버(Uber)였다. 편한 차림의 여성이 운전석에서 내려 우리를 맞이했다. 그녀는 능숙한 손길로 뒷좌석의 베이비시트를 정리하고 캐리어를 실었다. 그녀는 자녀를 어린이집에 보내고 비는 시간에 우버 기사로 일한다고 했다. 자신의 차를 다른 사람과 함께 이용하는 공유경제 서비스를 처음 경험한 순간이었다.

이후 여행을 할 때면 우버와 같은 공유차량을 이용하곤 했다. 말레이시아에 갔을 땐 '동남아시아의 우버'라고 불리는 그랩(Grab)을 탔고, 가끔은 우버 대신 리프트(Lyft)를 타기도 했다. 오롯이 영업을 위해 운행하는 택시와 달리 놀고 있는 자신의 차량을 이용해 운행하기 때문에 가격이 저렴하게 책정됐고, 기사는 친절했다.

자신이 사는 집이 빌 때 여행자가 숙박할 수 있도록 하는 숙박 공유 서비스인 에어비앤비(Airbnb)도 이 무렵 큰 폭으로 성장했다. 도심에 몰려 있는 특급호텔 대신 중심가에선 좀 떨어져 있더라도 현지인들의 삶을 체험하고 싶은 여행객들의 큰 호응을 얻었다. '스페인 바르셀로나에서 한 달 살기' 같은 식의 장기 휴가가 인기를 끈 것도 에어비앤비의 등장 때문이라는 해석도 나왔다. 비싼 사무실 임대료를 내지 않고 다른 사람과 공용 공간을 공유하는 방식의 공유 오피스는 소자본으로 창업하는 신생 벤처기업의 한 줄기 빛과 같은 존재가 됐다. 공유경제가 곧 기존 산업을 무너뜨릴 수 있겠다는 생각이 들 정도였다.

| 공유경제 유니콘의 추락 |

하지만 2020년 공유경제에 큰 도전의 바람이 불어왔다. 업체 간 차별성이 떨어지면서 수익 구조가 무너진 데다 2019년 말 찾아온 코로나19가 공유경제의 본질을 흔들기 시작했다.

각국이 이동을 제한하고 해외여행을 사실상 금지하면서 당장 에어비앤비 등 숙박공유 업체 이용률이 뚝 떨어지고 있다. 사무실을 나눠 쓰는 공유오피스 시장 역시 빠른 속도로 쪼그라들고 있다. 전문가들은 코로나 시대가 가더라도 공유경제가 회복되기 쉽지 않다는 전망을 내놓고 있다. 주택과 사무실, 자동차 등을 다른 사람과 나눠 쓰는 것이 '타인과의 접촉을 최소화하라'는 전염병 예방 기본 원칙에 배치되기 때문이다. 전염병을 조심하는 쪽으로 바뀌기 시작한 생활 방식은 상당 기간 유지되거나 굳어지는 경향이 있다는 것도 이러한 관측에 설득력을 더한다.

위기에 직면한 공유경제 '삼두마차'

〈급감한 위워크의 기업가치〉

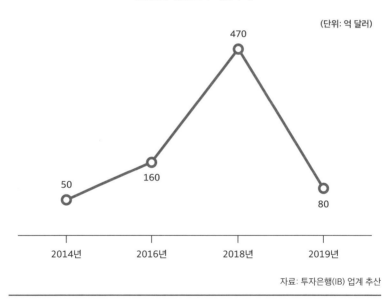

(단위: 억 달러)

470

160

50

80

2014년   2016년   2018년   2019년

자료: 투자은행(IB) 업계 추산

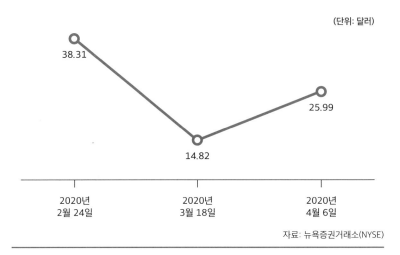

〈출렁이는 우버의 주가〉

(단위: 달러)

38.31

25.99

14.82

| 2020년 2월 24일 | 2020년 3월 18일 | 2020년 4월 6일 |

자료: 뉴욕증권거래소(NYSE)

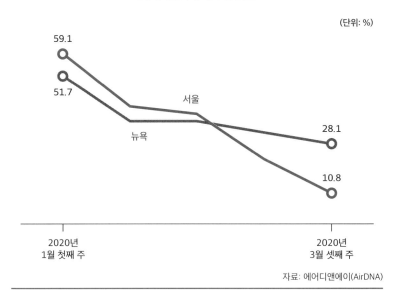

〈에어비앤비의 예약 점유율〉

(단위: %)

59.1

51.7

서울

뉴욕

28.1

10.8

2020년 1월 첫째 주   2020년 3월 셋째 주

자료: 에어디앤에이(AirDNA)

손정의 소프트뱅크(Softbank) 회장이 이끄는 비전펀드가 사무실 공유업체인 위워크(Wework)의 주식 30억 달러어치를 공개매입하려다 철회한 것도 이 때문이다. 4월 1일 이 소식이 전해지자 미국 〈블룸버그〉, 영국 〈텔레그래프〉 등은 "공유경제가 코로나19로 존폐 위기를 맞았다"는 평가를 내놨다.

공유경제는 2008년 금융위기 이후 대량생산·대량소비 시스템이 위협받으며 등장한 개념이다. 로런스 레시그 하버드대학교 교수가 "적게 생산하되 나눠 쓰는 방식"을 제안한 자신의 책《리믹스(Remix)》에서 상업경제와 구분되는 공유경제라는 말을 처음 사용했다.

당시 레시그 교수가 제안한 공유경제 모델은 주로 인터넷 상에 한정됐다. 사용자들이 함께 만드는 인터넷 백과사전 위키피디아(Wikipedia), 요리 레시피를 함께 공유하는 오픈소스 푸드 등이 레시그 교수가 꼽은 주요 공유경제 모델이었다. 공유경제는 서브프라임 모기지 사태(subprime mortgage crisis, 2007년에 미국의 초대형 모기지론 대부업체가 파산하면서 시작된 국제 금융 시장의 연쇄적인 경제위기)로 주택 소유의 근간이 흔들리며 확산됐다. 자신의 지식을 인터넷을 통해 공유하는 것을 넘어서 자신의 차량, 집, 사무실 등 실물을 공유하기 시작한 것이다.

위워크를 비롯해 차량을 공유하는 우버, 집을 숙박시설로 제공하는 에어비앤비 등 공유경제의 대표주자들은 몇 년 전까지 높은 성장세를 이어갔다. 기업가치가 10억 달러(약 1조 2,130억 원)를 넘는 비상장사를 뜻하는 '유니콘(unicorn) 기업'이 된 데 이어, 2017년엔 미국 비상장사 중 기업가치가 가장 높은 세 곳의 회사로 떠올랐다.

하지만 코로나19가 확산되면서 공유경제 기업들은 존립을 장담할 수 없게 됐다. 공간이나 소유물을 공유하기는커녕 타인의 물건에 손을 대는 것조차 꺼리는 현상이 나타나면서 공유경제 모델의 근간이 흔들리고 있다는 평가다.

| 셧다운된 공유오피스 |

미국 뉴욕에 있는 위워크의 공유오피스가 4월 1일 폐쇄된 것은 공유경제가 감염병 대유행에 취약하다는 점을 보여준 대표적 사례다. 위워크 사무실을 빌려 쓰던 한 기업의 직원이 코로나19 확진 판정을 받자 함께 입주해 공간을 나눠 쓰던 다른 기업들도 날벼락을 맞았다.

사무실이 셧다운되면서 당장 수십 명이 집으로 돌아갔다. 또 감염자가 썼던 물건을 함께 사용했을지도 모른다는 불안이 감돌았다. 입주 기업들이 남은 임대 기간의 요금을 환불할 것을 요청했으나 위워크는 거절하거나 답을 하지 않고 있다고 〈워싱턴포스트〉는 전했다. 싱가포르의 공유오피스 회사 저스트코(JustCo)는 5월 임대료를 15~30% 감면하기로 하는 등 입주사들의 이탈을 막기 위해

안간힘을 쓰고 있다.

차량공유 기업인 우버와 디디추싱(DiDi)은 이용자가 급감했다. 다라 코스로샤히 우버 CEO는 최근 "미국 시애틀의 우버 이용자가 70% 감소했다"고 말했다. 우버는 사람들이 외출을 극도로 자제하면서 2020년 이용자가 평균 80%까지 줄어들 것으로 예상하고 있다. 디디추싱은 공유차량을 원치 않는 소비자가 많아지면서 기사들의 수익이 크게 줄었다고 밝혔다. 투자회사인 웨드부시(Wedbush)의 댄 이브스 분석가는 "코로나19 사태로 인해 공유차량 기업들은 소비자의 신뢰와 이동 수요를 모두 잃었다"고 설명했다.

숙박공유 업체 에어비앤비는 모든 마케팅을 중단했다. 사업 부진으로 매출 감소가 예상되자 8억 달러(약 9,800억 원) 규모의 마케팅 예산을 줄이기로 했다. 2020년 초 60%에 육박했던 서울의 에어비앤비 예약률은 3월 셋째 주에 10% 수준으로 떨어졌다. 에어비앤비는 2020년 상장을 계획하고 있었지만 코로나19 여파로 관련 작업이 사실상 중단된 상태다.

| 공유경제에서 고립경제로 바뀔까? |

코로나19가 잠잠해진 이후 공유경제가 예전과 같은 성장성을 회복할지에 대해서도 의문부호가 붙는다. 이진우 메리츠증권 연구원은 "사회적 거리두기가 공유업체에 부담으로 작용하고 있다"며

"코로나19가 진정된다 하더라도 예전 수준의 공유 문화가 활성화될 수 있을지 장담하기 어렵다"고 전망했다.

온라인 강의와 재택근무의 확산도 공유경제엔 악재다. 공유경제는 유형 자산을 공유하는 개념이기 때문에 사무실이 필요없는 환경에서는 사무공간을 공유하는 것도 불필요해진다. 《이노베이션 바이옴(The Innovation Biome)》의 저자이자 마케팅회사 브릿지인사이트(Bridges Insight)의 창업자 쿠마르 메타는 〈포브스〉 기고에서 "코로나19 이후 공유경제(sharing economy)의 시대가 가고 고립경제(isolate economy)의 시대가 올 것"이라고 전망했다. 메타는 "사람들은 자신의 차에 남을 태워 일정한 소득을 추가로 얻는 것보다 차를 차고에 넣어두고 혼자 사용하는 것이 더 효율적이라고 생각하게 될 것"이라며 공유경제 서비스의 추락을 예측했다.

하지만 모든 공유경제 서비스에 암울한 전망만 있는 것은 아니다. 공유경제 서비스를 하는 기업들은 모두 제각각의 공유 전략을 갖고 있기 때문에 분야별로 봐야 한다는 의견도 있다. 우버와 에어비앤비, 위워크가 모두 공유경제라는 한 단어로 묶이지만 업의 본질은 운송, 숙박, 사무실 임대라는 점에서 향후 전망이 상당히 다르게 나올 수 있다는 것이다.

공유경제 업계에선 공유하는 방식과 정도에 따라 명암이 갈릴 것이란 예상이 나온다. 공유오피스 중에선 최대한의 독립성을 보장하는 업체들이 살아남을 전망이다. 국내 공유오피스 기업 패스트파이브는 기업별 독립성을 중시한다. 입주사에 관한 정보는 상호 공개하지 않고 교류도 권장하지 않는다. 입주사 간 단체 대화방을 만들고 공용 공간에서 네트워킹 파티를 여는 등 적극적인 교류를 권장하는 위워크와는 완전히 다른 전략이다.

김대일 패스트파이브 대표는 "코로나19 사태로 공유오피스 내 공용 공간을 사용하거나 외부 손님이 오는 것을 꺼리는 경향이 나타나지만 독립된 별도 공간의 수요는 오히려 늘어나고 있다"고 말했다. 기업 본사 건물의 셧다운을 걱정하는 대기업들이 '예비 오피스 확보' 차원에서 새로 임대 계약을 하는 사례도 최근 늘었다고 김 대표는 덧붙였다.

| 공유주방은 뜬다 |

공유주방의 성공은 '공유'라는 이름이 붙은 기업들이 얼마나 다른 속성을 갖고 있는지 보여주는 아주 좋은 사례다. 식품 제조시설을 나눠 쓰는 공유주방 기업 먼슬리키친은 3월 입점 문의가 전월 대비 두 배 증가했다. 코로나19 확산 이후 공유주방 기업들의 매출이 크게 증가하면서 나타난 현상이라고 회사 측은 설명했다.

공유주방은 식품 제조가 가능한 주방 형태의 공간을 나눠 쓰는 공유경제 모델이다. 대표적 공유주방 업체 중 하나인 위쿡은 130m^2의 식품 제조시설을 주방 10개로 나눠 월 이용료만 받는 식으로 입주사에 공간을 제공한다. 입주 기업들은 공유주방에서 제조한

음식을 배달하거나 간단한 조리 과정만 거치면 되는 밀키트(meal kit)를 생산해 판매한다.

국내에서는 먼슬리키친과 위쿡을 비롯해 셰플리, 영영키친, 고스트키친, 클라우드키친 등 20여 개 업체가 40여 개 점포를 운영 중이다. 공유주방 업계 관계자들은 "코로나19 사태 이후 시장이 급성장하고 있다"고 전했다. 외식산업경영연구원에 따르면 2019년 공유주방 시장 규모는 1조 원 정도였다.

공유주방이 인기를 끄는 것은 공유의 속성이 다른 공유경제 서비스와는 다르기 때문이라는 것이 전문가들의 분석이다. 다른 공유경제 서비스는 최종 소비자가 차량과 집 등을 공유하게 되지만 공유주방은 철저히 제한된 생산자 일부만 시설을 공유한다는 점에서 큰 차이를 보인다는 것이다.

문정훈 서울대 농경제사회학부 교수는 "생산자는 주방을 공유하지만 소비자는 다른 소비자나 식당 종업원과 아무것도 공유하지 않는다"며 "공유주방의 성공은 공유경제의 확산이라기보다 비대면 소비가 늘어나는 상황을 잘 파고든 것으로 봐야 한다"고 말했다. 문 교수는 "꼭 공유주방이 아니더라도 일반음식점에서 밀키트를 제조해 배달하는 방식의 영업이 늘어날 것"이라고 예상했다. 실제로 서울 성수동에서 윤경, 고니스버거 등 4개의 식당을 운영하는 33TABLE은 코로나19 사태로 매출이 감소하자 3월 밀키트 배달 서비스를 시작했다.

공유주방이 허가 과정에서 식품위생법상 철저한 관리를 받는다는 점이 급성장의 배경이 되고 있다는 분석도 있다. 최원철 한양대 특임교수는 "공유주방 회사들은 초기부터 식중독 등 식품 위생 문제를 없애기 위해 위생 관리를 철저히 해왔다"고 설명했다.

06

직격탄 맞은
여행·관광 산업

이탈리아, 오스트리아, 독일, 프랑스와 국경을 맞대고 있는 스위스
는 중부유럽 국가 중에선 드물게 EU에 가입하지 않은 국가다. 리
히텐슈타인도 EU 가입을 하지 않았지만 외교를 스위스에 위임한
소규모 공국이어서 사실상 스위스가 유일하다고 보는 시각도 있다.

이탈리아 밀라노에서 시작된 여행이 스위스 인터라켄으로 이
어졌던 적이 있다. 밀라노 중앙역에서 기차를 타고 스위스로 향했
다. 이탈리아의 마지막 역인 도모도쏠라를 지나 스위스의 도시 슈
피츠에 도착해 인터라켄행 기차로 갈아탔다. 이탈리아에서 스위스
로 넘어가는 순간은 눈치챌 새도 없이 순식간에 지나갔다. 그냥 계
속 기차에 타 있었을 뿐이었다. 입국 심사나 간략한 신분증 확인도
없었다. EU 가입국이 아니라는 이유로 막연히 국경의 통제가 있을
것이라고 생각할 겨를도 없이 기차는 지나갔다.

스위스는 EU 가입국은 아니지만 솅겐조약에 가입돼 있다. 솅겐

조약은 여행을 비롯해 사람과 물자의 이동을 자유롭게 허용하는 조약이다. 그 덕분에 EU 가입국이 아닌 스위스도 유럽 26개국과 자유롭게 통행이 가능하다. 스위스 인터라켄을 떠나 오스트리아 빈으로 갈 때도 별도의 입국 심사는 없었다. 하나의 유럽, 초연결사회라는 말이 떠올랐다.

하지만 이런 자유로운 여행은 더 이상 당연한 게 아닌 것이 될 수도 있다. 이 때문에 코로나19 사태로 여행·관광 산업의 존립 자체가 위협받고 있다.

| 국경 닫은 각국 정부, 반세계화 움직임이 시작되다 |

코로나19 확산 이후 각국 정부는 국경을 걸어잠그고 있다. 타국으로부터 유입되는 환자를 차단하기 위해서다. 한국도 예외는 아니다. 정부는 4월 13일부터 90개국의 무비자 입국을 금지했다. 두 달 전만 해도 자유롭게 여행할 수 있던 국가들을 이제 복잡한 절차를 거치며 가야 한다.

코로나19가 국가 간 연결의 개념을 바꾸고 있다. 수전 올린 〈뉴요커〉 기자는 최근 〈월스트리트저널〉에 기고한 '코로나19 이후의 삶'이라는 제목의 칼럼에서 "접혀 있는 것 같던 세계지도가 코로나19 확산으로 수정될 것"이라며 "다른 나라를 여행하는 것을 당연하게 여기지 않게 될 수도 있다"고 했다. 초연결사회로 나아가던 세계가 코로나19로 인해 역풍을 맞게 된 것이다.

유럽 국가 간 경계를 허문 솅겐조약이 위협받고 있는 것은 세계화가 멈췄다는 것을 상징적으로 보여준다. 26개국에 이르는 솅겐조약 가입국 대다수가 국경을 닫았다. 스페인과 포르투갈은 국경을 넘나드는 관광을 중단했고 독일은 국경을 맞대고 있는 프랑스, 오스트리아, 스위스, 룩셈부르크, 덴마크 등 5개국과의 국경을 폐쇄했다.

솅겐조약은 1985년 프랑스와 독일 등 7개국이 룩셈부르크 남부의 솅겐에서 맺은 조약이다. 국가 간 사람과 물자의 이동을 자유롭게 허용하는 것을 핵심으로 한다. 10년 후인 1995년 발효된 후 가입국 수가 지속적으로 늘어났다. EU 27개 회원국 중 22개국과 스위스, 노르웨이, 아이슬란드, 리히텐슈타인 등 유럽자유무역연합(EFTA) 4개국 등 총 26개국이 가입했다. EU 회원국 중 아일랜드는 가입을 거부했고, 불가리아, 크로아티아, 키프로스, 루마니아 등은 조약에 서명은 했지만 가입은 보류된 상태다.

솅겐조약 덕분에 한국 여행자들도 유럽의 여러 나라를 쉽게 여행할 수 있었다. 유럽에 처음 입국할 때를 제외하면 솅겐조약 가입국의 국경을 넘을 때 여권 검사나 검문을 거치지 않기 때문이다.

| 관광 산업, 궤멸적 침체 겪을 수도 있다 |

솅겐조약 이후 관광 산업은 크게 성장했다. 유엔 세계관광기구(UNWTO)에 따르면 관광인구는 1995년 5억 3,100만 명에서 2019년 14억 6,100만 명으로 급증했다. 관광 산업 규모는 1995년 4,970억 달러에서 2018년 1조 4,620억 달러로 3배가량 성장했다.

여행 지역도 다양해졌다. 1995년에는 유럽 여행이 전체 여행의 58%를 차지했다. 미국 등 아메리카 대륙이 21%, 아시아 태평양 지역은 15%였다. 아프리카와 중동은 2%에 불과했다. 2018년에는 유럽 여행 비중이 51%로 감소한 대신 아시아 여행이 25%로 높아졌다. 미국 등 아메리카는 15%로 줄었지만 아프리카(5%)와 중동(4%) 여행 비중은 증가했다.

하지만 코로나19로 인해 국경이 닫히면서 이 같은 성장세는 올해 큰 폭으로 꺾일 전망이다. 대표적인 관광국가인 이탈리아는 GDP의 13%를 차지하는 관광 산업이 올해 궤멸적 수준의 침체를 겪을 것으로 예상됐다. 이탈리아의 코로나19 확진자 수는 유럽에서 가장 많은 상태다. 이탈리아 보건당국에 따르면 2020년 4월 23일 기준 코로나19 누적 확진자 수는 18만 7,327명이었다. 사망자는 2만 4,648명이다. 누적 확진자 대비 사망자 비율을 나타내는 치명률은 13.1%로 세계 최고 수준이다.

이탈리아의 주요 관광지들은 모두 문을 닫았다. 인근 유럽 국가들은 이탈리아 여행 경보 단계를 높였다. 한국 외교부도 2월 28일부터 이탈리아 북부지역 3개 주에 여행 자제 등급인 2단계 여행경보를 발령했다. 이탈리아 언론에 따르면 비즈니스 출장이 잦은 이탈리아 밀라노의 3월 객실 취소율은 80%에 달했다. 해안 휴양도시의 경우 예약률이 60~70%에 이르는 곳도 있었다. 세계 최대 규모의 박람회들도 줄줄이 취소됐다. 밀라노 가구전, 와인박람회인 비니태리(Vinitaly), 광학전시회, 냉동공조전, 미용·용품 전시회 등이 연기됐다.

또 다른 관광 대국인 스페인도 코로나19 확진자가 이탈리아를 넘어섰다. 스페인 역시 4월 현재 외국인의 입국을 전면 통제하고 있다. 셍겐조약 가입국 국민의 스페인 입국 금지 조치는 5월 15일까지 연장됐다. 자국 거주민의 외출도 철저히 통제했다.

IMF가 이탈리아와 스페인의 올해 경제성장률 전망치를 크게 낮춘 것은 코로나19로 인한 관광 산업의 타격이 클 것으로 예상했기 때문이라는 해석이다. IMF는 2020년 이탈리아와 스페인의 경제성장률 전망치를 각각 −9.1%, −8.0%로 전망했다. 전 세계 평균(−3.0%)은 물론 유로존 평균(−7.5%)보다도 낮은 수준이다.

한국도 예외는 아니다. 국내 여행사들은 대규모 감원에 나섰고, 호텔업계에선 전 직원 장기 무급휴직에 들어갔다. 정부가 지원하는 관광진흥개발기금은 고갈 위기에 빠졌다. 박양우 문화체육관광부 장관은 4월 23일 여행업계와의 간담회에서 "코로나19 사태로 관광 산업이 직격탄을 맞고, 여행업이 가장 크게 피해를 입고 있다"고 말했다. 오창희 한국여행업협회 회장은 "상위 업체까지도 매출이 '제로'가 되는 것을 경험해보기는 처음"이라며 "이 사태가 언제 끝날지 모른다는 불확실성 때문에 더 힘들다"고 했다.

| 관광 침체 여파가 항공으로 |

관광이 사라지다 보니 국외여행의 핵심 운송수단을 제공하던 항공 산업도 함께 추락의 길을 걷고 있다. UNWTO가 운송 수단별로 여행 산업을 분류한 결과 여행객의 58%가 비행기를 통해 국경을 넘는 것으로 나타났다.

시장조사 업체인 시리엄에 따르면 코로나19 이후 전세계적으로 1만 5,500여 대의 민간 항공기가 운행을 중단하고 지상에 대기 중이다. 전체 민간 항공기의 3분의 2에 해당하는 규모다. 국내에서도 국제선 승객의 90% 이상이 사라졌다. 3월 마지막 주 김포국제공항의 국제선 이용객이 단 한 명도 없었던 것은 항공업계의 어려움을 극명하게 드러내는 사례다.

운행 중단의 여파는 항공기 제조사들로 전이되고 있다. 4월 8일 〈파이낸셜타임스〉와 〈월스트리트저널〉 등은 항공기 제조사인 에어버스(Airbus)와 보잉(Boeing)의 항공기 생산이 급감했다고 보도했다. 에어버스의 A320은 월 60대에서 40대로 생산량을 줄였다. 기욤 포리 에어버스 CEO는 "수요 감소로 인해 생산 감축에 나서기로 했다"고 배경을 설명했다. 보잉은 2018년과 2019년 잇단 추락사고로 운항이 정지된 737맥스의 생산을 2020년 5월 재개할 방침이었지만 코로나19로 인해 계획에 차질을 빚게 됐다.

대한항공과 아시아나항공은 정부의 기간산업안정기금으로 연명하고 있다. 산업은행은 4월 24일 대한항공에 1조 2,000억 원의 자금을 수혈했다. 운영자금을 주고, 자산유동화증권을 매입해 유동성을 확보토록 했다. 아시아나항공은 현대산업개발의 인수 과정에서 정부 도움을 받게 될 전망이다.

| 세계화는 다시 힘을 얻을 수 있을까? |

코로나19 사태가 끝나면 관광 산업과 항공업은 V자로 반등하게 될까. 겉모습은 그렇게 보일 수 있다. 완전한 셧다운으로 이동 자체가 불가능한 상태보다는 상당 부분 회복될 것이다. 하지만 근본적인 질문이 함께 떠오를 것이다. '여행은 좋은 것인가?' 근본적으로 연결과 이동, 세계화에 대한 물음표가 나올 수 있다.

중국은 최근 기업인들에 한해 비자 발급을 재개한다고 발표했으나 실제로는 관련 업무가 중단된 상태다. 연결에 대한 두려움이 남아 있어서다. 해외여행을 떠나려는 사람들도 크게 줄어들 전망이다. 국내 지방자치단체들은 해외여행을 포기한 사람들이 국내를 여행해주기를 바라고 있지만 접촉과 대면에 대한 두려움이 국내외를 가릴 것이라고 생각하긴 쉽지 않다.

단순히 이는 관광 산업이 침체를 회복할 수 없을 것이라거나 여름휴가 때 해외여행을 하기 꺼려진다는 수준의 우려가 아니다. 수십 년간 당연한 것으로 받아들여지던 세계화에 대한 위협이기도 하다.

스티븐 킹 HSBC은행 수석 경제자문은 2017년에 쓴《세계화의 종말》에서 20세기 말부터 세계화는 이미 축복이 아닌 저주가 되고 있다고 평가했다. 세계화로 인한 폐해들이 나타나기 시작했다는 것이다. 세계화와 국민국가 간의 갈등은 그가 특히 주목하는 요소였다. 국가적 이익은 세계적 이익과 일치하지 않게 됐고 그 과정에서 트럼프처럼 세계의 이익보다는 국가의 이익을 중시하는 지도자가 힘을 얻기 시작했다.

코로나19를 겪으면서 세계화와 국민국가의 갈등은 더 심해질 것으로 보인다. 세계 각국이 보여준 자국민 우선주의와 여행객 및 이민자를 향한 인종차별 등이 우리의 기억 깊은 곳에 남아 있게 될 것이기 때문이다. 스티븐 킹은 책에서 "세계화의 진전을 돕던 국제기구에 대한 불신"도 언급했다. 이번 코로나19 사태 때 안일한 초기 대처로 일관한 거브러여수스 WHO 사무총장으로 인해 WHO가 불신에 휩싸인 것을 떠오르게 한다.

제러드 베이커 전 〈월스트리트저널〉 편집장은 "코로나19 사태가 세계화 체제에 가장 결정적인 타격을 줬다는 점은 분명하다"고 말했다.

07

코로나로 흔들리는 대중교통 산업

서울 시내에 직장이 있는 근로자들은 대부분 대중교통을 타고 출퇴근한다. 버스와 지하철을 한두 번 갈아타야 직장에 도착하는 경우가 많다. 대중교통 안에서 한 시간 이상을 보내는 경우도 흔하다.

취업포털 잡코리아와 구인포털 알바몬이 2019년 진행한 설문조사에 따르면 서울시 내 직장인의 81.1%가 버스와 지하철 등 대중교통을 타고 출퇴근하는 것으로 나타났다. 버스와 지하철 모두를 이용한다는 응답이 32.4%로 가장 많았고, 지하철(29.1%), 버스(19.6%) 순이었다. 자가용을 이용해 출퇴근한다고 응답한 사람은 10.0%에 불과했다.

국토교통부와 한국교통안전공단이 2019년 1년간 수집한 교통카드 데이터를 바탕으로 수도권 대중교통 이용실태를 분석한 결과에 따르면 하루에 730만 명이 수도권에서 대중교통을 이용하는 것으로 나타났다. 서울이 395만 명, 경기가 266만 명, 인천이 69만 명이었다. 출근 시간대의 1인당 평균 대중교통 이용 시간은 1시간 27분이었다. 도시 간 이동을 제외하고 서울 내에서만 이동할 경우엔 47분가량을 대중교통에서 보내는 것으로 나타났다. 이처럼 대중교통은 우리 삶에서 빼놓을 수 없는 요소가 된 지 오래다.

하지만 코로나19는 직장인들의 핵심 이동수단인 대중교통의 미래마저 어둡게 하고 있다. 좁은 공간에 촘촘히 모여 탑승하는 대중교통이 전염병 확산의 주요 경로가 된다는 우려가 나오고 있어서다. 대중교통은 이대로 외면받게 될까.

| 코로나19, 대중교통을 멈춰 세우다 |

코로나19 확산으로 직장인들의 출퇴근 풍경이 바뀌고 있다. 지하철과 버스 등 대중교통을 타는 대신 자가용을 이용하거나 가까운 거리는 차라리 걸어다니겠다는 사람이 늘어나고 있다. 특히 사회적 거리두기 여파로 대중교통 이용객이 크게 줄었다.

서울시에 따르면 2020년 3월 마지막 주(3월 30일~4월 5일) 서울 지하철(1~8호선) 이용객 수는 330만 명으로 집계됐다. 2019년 같은 기간(538만 명)에 비해 38.6% 줄었다. 코로나19 위기단계가 '심각'으로 격상되기 직전인 2월 셋째 주 425만 명에 비해서는 28.7% 감소한 수치다. 서울시는 승객 감소와 사회적 거리두기 방침을 고려해 4월 1일부터 막차 시간을 새벽 1시에서 밤 12시로 앞당겼다.

지방에서도 대중교통 승객이 줄었다. 강원 원주시의 시내버스 회사인 태창운수는 승객 감소 여파로 4일에 3개월간의 휴업에 들어갔다. 버스 한 대당 수익이 운송원가(50만 원)의 20%에도 못 미치는 10만 원 이하로 떨어지자 휴업을 선택했다. 부산에선 3월 버스 승객이 40%가량 감소했다. 부산시는 수요 감소를 고려해 전체 노선의 6.8%를 감축했다. 경기와 울산 등도 버스 운행을 전반적으로 줄였다. 닐슨코리아가 20일 발표한 보고서 〈코로나19 임팩트〉에 따르면 대중교통 이용은 코로나19 이전 대비 58% 감소했다.

구글이 스마트폰 위치정보를 이용해 3월 한 달간 한국인의 이동량 변화를 분석한 결과 지하철역, 버스정류장 등 대중교통 정차역 주변 이동량이 1월 대비 17% 줄어든 것으로 나타났다.

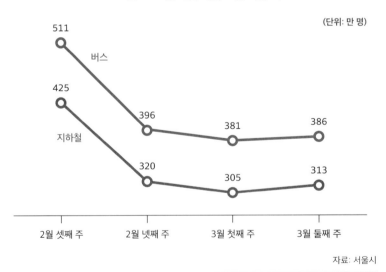

2020년 2~3월 서울 대중교통 이용객

(단위: 만 명)

버스
511
396
381
386

지하철
425
320
305
313

2월 셋째 주 · 2월 넷째 주 · 3월 첫째 주 · 3월 둘째 주

자료: 서울시

대중교통 이용량 감소는 세계적인 현상이다. 〈뉴욕타임스〉에 따르면 하루 평균 539만 명에 달하던 미국 뉴욕 지하철 이용객 수는 3월 말 100만 명 아래로 줄었다. 이용객 대부분이 극빈층이어서 사회적 논란도 제기되고 있다. 베트남은 4월 1일부터 보름간 대중교통 운행을 전면 중단했다. 덴마크는 출퇴근 시간대 대중교통을 이용하지 말라는 권고를 내렸다. 슬로베니아는 4월 20일부터 코로나19 봉쇄 조치를 일부 완화했지만 대중교통 운행 중단 방침은 유지했다.

| 효율적인 운송수단이었던 대중교통 |

대중교통은 산업혁명 이후의 발명품이다. 노동자들이 같은 시간에 출퇴근하는 근무 형태가 일반화되자 다수의 사람을 효율적으로 운송하기 위한 수단이 필요해진 것이다. 말이 끄는 합승마차부터 전기를 동력으로 쓰는 트램, 레일이 없어도 되는 버스 등으로 발전했다.

한국에서는 광복 후 대중교통 시대가 열렸다. 광복 직후인 1940년대 후반에는 합승마차와 인력거가 주요 대중교통 수단으로 활용됐다. 당시에도 전차가 있었지만 수요에 비해서는 공급이 턱없이 부족했다. 1947년 미 군정이 합승마차의 서울 시내 운행을 허가한 것도 이런 필요성이 인정돼서다. 1948년 말 143대의 합승마차가 대중교통 수단으로 운영됐다. 1일 평균 3만 명이 합승마차를 이용했다.

시내버스는 1949년 8월부터 운행했다. 서울시가 처음으로 시내버스 운수업자를 지정하고 105대의 버스를 운영했다. 1968년 경인고속도로가 개통되면서 고속버스의 시대가 열렸다. 이후 경부고속도로, 호남고속도로, 영동고속도로, 동해고속도로, 중부고속도로 등이 잇따라 개통되면서 고속버스가 전국을 잇는 교통수단으로 자리 잡았다.

철도와 지하철은 사회간접자본의 확충 바람에 따라 철로가 건설되면서 주요한 대중교통 수단으로 떠올랐다. 해방 직후인 1946년 경부선에 '해방자호'를 운영하면서 본격적으로 철도가 확산됐다. 당시 한국의 철도는 총 연장 3,378km였다. 영업 거리는 2,642km, 기관차 488대가 객차 1,280량과 화차 8,424량을 끌었다. 종업원 수는 5만 5,960명이었다.

정부는 1963년 철도청을 발족했다. 1974년 새마을호가 서울~부산을 4시간 50분에 주파함으로써 전국 1일 생활권이 완성됐다. 수도권 지하철이 생긴 것도 이 무렵이었다. 1974년 8월 15일 서울역-청량리 7.8km 구간이 신설됐다. 세계 최초의 지하철이 개통한 지 110년 만의 일이다. 이후 지하철은 노선을 확장하기 시작했다. 2009년 9호선이 탄생하면서 지금의 형태를 갖췄다.

| 나 홀로 이동 선호 |

하지만 코로나19 사태 이후 접촉을 최소화하는 것이 무엇보다 중요해지면서 모르는 사람과 밀접하게 접촉할 수밖에 없는 대중교통은 방역 관점에서 비효율적인 수단으로 전락했다는 평가다. 직장인들은 코로나19 이후 출퇴근길에 대중교통을 이용하는 것을 두려워하고 있다. 구인구직 매칭 플랫폼인 사람인이 2020년 2월 말 직장인 1,446명을 대상으로 코로나19 관련 설문조사를 한 결과 응답자의 56.2%가 코로나19로 출근길이 꺼려진다고 답했다. 이 중 59.7%는 그 이유로 '출퇴근길에 대중교통을 이용해야 해서'를 꼽았다.

방향이 같은 사람들을 모아 함께 이동하는 카풀 서비스도 직접적인 타격을 받았다. 차량공유 회사 우버와 리프트의 카풀 서비스는 세계적으로 전면 중단됐다. 한국에서 무료 카풀 서비스를 운영 중인 풀러스는 코로나19 확산 이후 2월 호출 건수가 전달 대비 20~30% 감소한 것으로 알려졌다.

직장인들은 대중교통 대신 불특정 다수와 직접 접촉하지 않아도 되는 '나 홀로 이동'을 선택하고 있다. 특히 자가용 이용이 늘고 있다. 2020년 3월 한 달간 국내 시장에서 자동차 판매량이 15만 1,000여 대를 기록해 2019년 동월 대비 9.8% 증가한 것도 코로나19 확산의 영향으로 풀이되고 있다.

공유경제 서비스라는 이름이 붙었어도 혼자서 이용하는 것이 가능한 운송수단도 재조명되고 있다. 남이 쓰던 것을 쓰는 것은 찝찝하지만 모르는 사람과 접촉하는 대중교통보다는 낫다는 인식이 확산하고 있어서다.

서울시가 운영하는 자전거공유 서비스 따릉이는 코로나19 확산 직후엔 이용량이 급감했지만 최근 들어 출퇴근 수요가 다시 살아나면서 이용량이 회복되고 있다. 차량공유 서비스인 그린카는 차량공유 서비스의 2020년 3월 주중 평균 이용 시간이 전월 대비 21%, 2019년 동기 대비 51% 증가했다고 설명했다. 그린카 관계자는 "직장인들이 출퇴근용으로 차량공유 서비스를 이용하면서 주중 이용 시간이 증가했다"고 설명했다. 쏘카의 경우 주중 이용 건수 등에는 큰 변화가 없었지만 건당 이용 시간이 증가했다. 전동킥보드를 빌려주는 회사들도 이른 회복세를 보였다. 전동킥보드 공유업체인 고고씽은 한 언론과의 인터뷰에서 3월 말 기준 하루 이용 건수가 1월 말 대비 40%가량 늘었다고 밝혔다. 비슷한 사업모델을 갖고 있는 스윙은 오전 7시 이후 출근 시간대와 오후 6시 이후 퇴근 시간대 전동킥보드 이용자 수가 증가했다고 밝혔다.

롯데렌터카는 2020년 2월 월 단위 렌터카 이용자 수가 2019년 2월 대비 43.8% 늘었다. 회사 관계자는 "여행지의 렌터카 수요는 급감했지만 도심에서 출퇴근용으로 쓰기 위해 차량을 월단위로 빌리는 사람은 늘어났다"고 설명했다.

| 대안으로 떠오르는 자율주행차 |

코로나19 확진자 수가 줄어들고 사회적 거리두기가 완화되면 대중교통 이용객은 다시 늘어날 것이다. 당장 직장에 출근해야 하는 직장인이 당장 다른 대안을 찾기는 어렵기 때문이다. 하지만 대중교통이 감염병 확산의 통로가 될 것이라는 근본적인 두려움은 신기술 연구를 촉진할 전망이다. 바로 자율주행차의 본격적인 등장이다. 과거엔 자율주행차가 각종 사고 위험에 노출되면서 '안전하지 않은 교통수단'이라는 불명예를 얻었지만 기술이 발전하면서, 감염증 전염 위협에서 자유로운 교통수단으로 떠오를 것이란 전망이다.

자율주행차에 대한 관심이 높아지는 또 다른 이유는 도로 이용의 효율성을 높일 수 있다는 점 때문이다. 많은 사람이 대중교통을 이용하면 특히 도로 이용의 효율성이 높아진다. 한 차량에 많은 승객을 태우기 때문에 그만큼 자가용 이용을 억제하는 효과를 낸다. 많은 사람이 자가용을 끌고 나온다면 길은 막힐 수밖에 없다. 반면, 그들이 자가용 대신 대중교통을 이용하면 교통체증은 감소한다. 1970년대 이후 정부가 대중교통 공급을 늘리고 이용을 장려한 것도 '마이카' 시대 도래에 따른 자가용 이용객이 급증해 여러 가지 사회적 문제가 발생했기 때문이다.

하지만 자율주행 기술이 발전하면 이 같은 문제를 해소할 수 있다. 자율주행 기술은 인공지능과 함께 발전한다. 인공지능이 효율적인 경로와 속도, 신호에 따른 반응 등을 제어할 수 있다면 많은 차량이 도로에 나와도 길이 막히지 않게 될 수 있다. 오히려 더 효율적인 경로를 분산 추천함으로써 교통 흐름이 원활해지는 효과를 기대할 수 있다.

자율주행의 확산을 위해서는 정부의 규제 완화가 필수적이다. 각국 정부는 기술 개발을 촉진하기 위해 다양한 규제를 풀고 있다. 도심에서 자율주행차 테스트를 할 수 있도록 허용하거나 자율주행차 구매 시 보조금을 지급하고 있다. 미래의 효율적인 교통수단 경쟁에서 주도권을 잡기 위해 전 세계적인 경쟁은 더욱 치열해질 전망이다.

08
'현금 없는 사회'가 온다?

코로나19에 따른 봉쇄 조치가 한 달째 이어지던 4월 20일(현지 시간) 영국 런던 중심가인 토트넘 코트 로드 인근 한 식료품 매장. 문 앞엔 카드 결제만 가능하다는 안내문이 붙어 있었다. 근처 슈퍼마켓 중에선 카드를 이용하는 무인 계산대만 운영하는 곳도 적지 않았다.

다음 날 영국 런던 서부의 중산층 밀집 지역인 일링 브로드웨이 지역. 인근 소형 식료품 매장에서 2파운드어치 채소를 구입한 후 5파운드 지폐를 건넸다. 그러자 점원은 손사래를 치며 현금 결제를 거부했다. 카드 결제만 가능하다고 했다. 불과 한 달 전까지만 해도 3파운드 미만 금액에 대해서는 카드 결제를 거부했던 매장이었다. 통상 영국에선 3파운드(약 4,500원) 미만은 카드 대신 현금으로 계산하는 게 불문율이다.

코로나19는 이 같은 결제 문화를 순식간에 바꿔놓고 있다. 영국의 가게들이 동전과 지폐를 안 받겠다는 것은 바이러스가 전파될 가능성이 있다는 우려 때문이다. 현금 결제는 코로나19 이전에도 전 세계에서 감소하는 추세였다. 이런 추세는 코로나19를 계기로 더욱 빨라지고 있다. 전문가들은 코로나19 사태가 종식되더라도 현금 사용 비중은 계속 줄어들어 '현금 없는 사회'로의 진입을 앞당길 것으로 보고 있다.

우선 현금 없는 사회에 대한 개념부터 정리할 필요가 있다. 현금 없는 사회는 표현 그대로 현금이 전혀 사용되지 않는 사회를 뜻한다고 여기기 쉽다. 하지만 현금을 일절 사용하지 않는 건 당장은 현실적으로 불가능하다는 것이 전문가들의 공통된 지적이다. 한국은행에 따르면 현금을 사용하지 않고 신용카드 등 비현금 지급수단을 90% 이상 사용하는 사회를 '현금 없는 사회'로 부른다.

| 전 세계적으로 급감하는 현금 결제 |

전 세계 각국이 코로나19 확산을 막기 위해 외출금지와 상점 폐쇄 등의 봉쇄 조치를 내리면서부터 현금 사용은 급감했다. 가장 큰 이유는 전체 소비량이 줄어든 데 따른 것이다. 현금뿐 아니라 카드 사용 규모도 줄었다. 사람들의 이동이 제한된 데다 식료품점과 약국 등을 제외한 상점들이 일제히 문을 닫으면서 돈을 쓸 공간이 거의 없어졌기 때문이다.

문제는 지급수단 중 현금 결제가 차지하는 비중이 코로나19 사태를 계기로 급감하고 있다는 점이다. 현금 사용이 급감하는 현상은 유럽에서 두드러진다. 유럽에선 스웨덴과 덴마크를 비롯한 북유럽 국가를 제외하면 전통적으로 현금선호 현상이 강했다. 유럽중앙은행(ECB)에 따르면, 2018년 기준 유로존(유로화 사용 19개국)의 평균 현금 결제 비중은 53.8%였다. 미국(26.0%)과 한국(19.8%)을 크게 웃돌았다. 스페인과 이탈리아의 현금 결제 비중은 각각 87.0%, 86.0%에 달했다.

주요국 현금 결제 비중

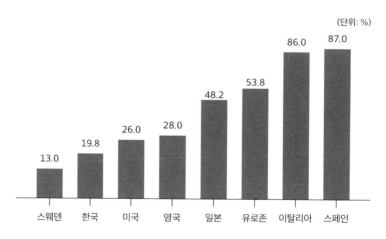

(단위: %)

※2018년 가계지출 중 상품·서비스 구입에 대한 현금 결제 비중
자료: 한국은행, Fed, 일본은행, ECB

코로나19는 이런 현상을 순식간에 바꿨다. EU 집행위원회와 ECB는 지폐와 동전에 바이러스가 묻어 있을 수 있으니 카드와 모

바일 결제를 활용하라고 권고했다. 인도, 러시아, 베트남 중앙은행도 현금 사용을 자제해야 한다고 했다. 물론 바이러스가 지폐를 통해 감염됐다는 증거를 찾을 수 없기 때문에 현금 사용 자제를 권고하지 않는 국가들도 상당수다. 다만 미국과 중국 등도 혹시나 있을지 모르는 감염을 막기 위해 화폐 방역을 강화하고 있다. 한국은행도 금융기관으로부터 들어온 지폐를 최소 2주간 금고에서 보관하고 지폐 포장 과정에서 150도 고열에 노출하는 살균작업을 하고 있다. 홍콩대 연구팀에 따르면 코로나바이러스는 지폐에서 나흘가량 생존할 수 있다. WHO는 바이러스가 지폐를 통해 전염될 수 있는지에 대해선 공식적인 입장을 내놓지 않고 있다. 다만 지폐를 만진 후에는 반드시 손을 씻어야 한다는 것이 WHO의 설명이다.

시장조사업체 맥킨지(McKinsey)에 따르면 코로나19 사태가 발생한 3월 이탈리아의 신용·체크카드 등 비현금 결제는 전월 대비 80% 증가했다. 그만큼 현금 사용이 줄었다는 뜻이다. 영국의 현금자동입출금기(ATM) 운영기관인 링크는 코로나19 이후 영국의 현금 사용이 절반 수준으로 감소했다고 밝혔다. 〈파이낸셜타임스〉는 "각국의 봉쇄 조치로 온라인 구매가 늘어난 데다 지폐와 동전이 바이러스를 전파할 수 있다는 우려가 확산되면서 현금 결제가 급감했다"고 분석했다.

판매자뿐 아니라 소비자도 현금 결제를 꺼리고 있다. 물건을 구입한 후 받는 거스름돈에 바이러스가 묻어 있을 수 있다는 우려에서다. 예를 들어 런던의 일부 소규모 한인 식료품점에선 대놓고 현금 결제를 요구하는 경우도 있었다. 하지만 코로나19 사태 이후 이런 모습은 찾아볼 수 없다. 소비자들이 지폐와 동전으로 거스름돈을 받는 것을 꺼리기 때문이다.

| 비접촉 통한 '셀프 결제' 선호 |

카드 중에서도 결제 시 서명이 필요한 신용카드 대신 모바일 결제 및 '콘택트리스 카드'(contactless card)로 불리는 비접촉카드 비중도 급속히 늘고 있다. 비접촉카드를 활용하면 계산대 직원을 거치지 않고 무인 계산대에서 '셀프 결제'가 가능하다. 한도 이하로만 결제하면 카드 비밀번호를 누르지 않고 카드만 단말기에 갖다 대면 결제가 순식간에 끝난다.

한국은행에 따르면 최근 실시된 미국의 한 설문조사에서 코로나19 발생 이후 소비자의 30%가 근접무선통신(NFC) 카드, 스마트폰과 같은 비접촉 지급수단을 사용하기 시작했다고 답했다. 독일에선 코로나19 발생 이후 전체 카드 사용액 중 비대면 결제 비중이 50%를 넘었다. 코로나19 직전(35%)에 비해 확대됐다.

전 세계 많은 국가들이 비접촉 결제 한도 증액을 통해 비대면 결제 이용을 유도하고 있다. 마스터카드(Mastercard)는 이에 맞춰 전 세계 29개국에서 비접촉 결제 한도를 인상할 예정이다. 예를 들어 영국에선 30파운드였던 비접촉 결제 한도를 45파운드로 인상할 계획이다. 지금까지 구매금액이 30파운드를 넘지 않으면 서명을 하거나 비밀번호를 입력하지 않고도 카드만 단말기에 갖다 대면 됐다. 앞으로는 45파운드까지 가능해진다는 뜻이다. 독일과 오스트리아에선 종전 25유로에서 50유로로, 아일랜드에선 30유로에서 50유로로 인상될 예정이다.

카드 결제 비중이 다른 국가에 비해 상대적으로 높았던 국내에서도 셀프 결제가 늘어나고 있다. 편의점 CU는 셀프 계산대를 활용하고 있는 점포들의 셀프 결제 비중이 코로나19 직전 30%에서 2020년 4월 기준으로 45%까지 늘었다고 발표했다. 셀프 결제를 이용해본 고객의 재이용률도 94%에 달한다는 것이 CU의 설명이다.

코로나19 사태가 종식되더라도 현금 결제 수요가 제자리를 찾을 가능성은 낮다는 관측이 나온다. 통상 전염병에 따른 트라우마는 상당 기간 지속될 수밖에 없다. 전염병 대응 과정에서 바뀌기 시작한 시민들의 생활 방식은 장기간 유지되거나 굳어지는 경향이 있기 때문이다. 코로나19 대응 과정에서 비현금 결제를 사용한 소비자들이 늘어나는 것도 현금 수요가 회복되기 어려운 원인이라는 분석이 나온다. 평소 비접촉카드 등을 사용하지 않았던 소비자들도 '일단 써보니 어렵지 않다'는 인식 변화가 생길 가능성이 높기 때문이다. 미국의 한 설문조사에선 소비자의 70%가 코로나19가 끝난 뒤에도 스마트폰 결제와 카드 등을 계속 사용할 것이라고 답했다. 〈파이낸셜타임스〉는 "현금 없는 시대를 코로나19가 빠르게 앞당기고 있다"고 진단했다.

세계 각국 정부도 현금 없는 사회를 반기고 있다. 스웨덴과 노르웨이 정부는 2030년까지 현금 없는 사회 진입을 선언하면서 핀테크(fintech) 등 각종 인프라 도입에 박차를 가하고 있다. 스웨덴은 2012년부터 대중교통 이용 시 현금 사용을 금지하고 있다. 영국도 2014년부터 런던의 상징으로 불리는 빨간 2층 버스인 더블데커에서 현금을 받지 않는다.

정부는 현금 결제가 줄어들수록 거래의 투명성과 신뢰성을 더 쉽게 확보할 수 있다. 탈세 및 뇌물을 없애 지하경제가 양성화되면 정부 세입도 늘어난다. 현금 결제 비중이 높은 스페인과 이탈리아의 지하경제 규모가 GDP의 30%에 육박한다는 점도 이와 무관하지 않다. 맥킨지의 2011년 분석에 따르면 현금 결제 비중이 50% 이하인 국가의 지하경제 규모는 평균 12%이지만 현금 결제 비중이 80% 이상인 국가들의 지하경제 규모는 평균 32%로 두 배 이상 높게 나타났다.

| 디지털에 낯선 취약계층은 피해자가 될 수 있다 |

디지털에 낯선 취약계층은 현금 없는 사회의 대표적인 피해자가 될 수 있다. 시중은행이 지점과 ATM을 폐쇄하면서 현금 접근성에 제약을 받을 수밖에 없기 때문이다. 도심이 아닌 외곽 지역에 거주하는 사람들은 ATM을 찾기 위해 더 먼 거리를 이동해야 한다.

영국 〈BBC〉에 따르면 2015년 1월 영국 전역에 9,803개였던 은행 지점은 2019년 8월 6,549개로 3,254곳 감소했다. 이 기간에 은행들은 3,303곳의 지점을 폐쇄했고, 49곳의 지점을 늘리는 데 그쳤다. 오는 2030년 현금 없는 사회 진입을 목표로 한 스웨덴에선 2018년 ATM 수가 2014년 대비 12.1% 줄었다. 이런 와중에 코로나19 사태를 맞아 각국 시중은행은 일부 지점을 추가 폐쇄하고 ATM 서비스를 제한하고 있다. 현금 사용 비중이 줄어드는 데 따른 ATM 등 관련 인프라 감소 추세가 코로나19를 계기로 더 빨라진 것이다. 영국과 유럽 금융당국은 "현금에 대한 취약계층 접근은 일부 유지해야 한다"면서도 "지점 폐쇄는 디지털 시대에 맞춘 은행들의 자율적인 결정"이라고 간섭하지 않고 있다. 하지만 〈파이낸셜타임스〉에 따르면 영국 소비자들의 3분의 1 이상은 여전히 은행 지점을 통한 대면 채널을 통해 현금 인출 등 금융거래를 하고 있다.

현금 없는 사회로의 진입이 가속화되면 카드 결제 대신 현금 결제를 거부하는 사례가 속속 발생할 수 있다. 과거에는 카드 수수료 부담을 피하거나 세금을 덜 내려는 매장에서 카드 결제를 거부하는 경우가 대부분이었다. 국내뿐 아니라 해외에서도 영화관이나 커피전문점, 패스트푸드점 일부 매장은 카드 결제만 가능한 키오스크(kiosk, 무인자동화 기기)를 운영하고 있다. 스웨덴에선 상인들이 현금 결제를 거부하는 사례도 늘고 있다. 스웨덴 중앙은행이 설문조사를 한 결과 현금 결제를 거부당한 경험이 있는 응답자 비중이 2014년 27%에서 2018년 45%로 늘었다.

하지만 현금 이외에 휴대폰 등 다른 지급수단을 쓰기 어려운 고령층이나 저소득층은 경제활동에 제약을 받을 수밖에 없다. 국내외를 막론하고 고령층은 모바일 결제 등 디지털 방식의 결제 시스템에 익숙하지 않다. 신용이 사실상 없는 거리의 노숙자들은 카드를 만들 수 없다 보니 사실상 마트에서 음식 구입조차 불가능하다.

한국은행도 현금 없는 사회의 부작용을 인식하고 있다. 한국은행은 "모든 국민들의 화폐 사용에 어떤 불편도 초래해서는 안 된다"며 "국민의 현금 접근성 및 현금 사용 선택권 유지를 위한 노력을 기울여나갈 계획"이라고 밝혔다.

09

'이자 없는 시대'에
적응해야 한다

몇 년 전 큰 인기를 끌었던 케이블TV 드라마 〈응답하라 1988〉 2회 에 나오는 한 장면이다. 천재 바둑소년으로 등장하는 최택이 우승 상금으로 받은 5,000만 원을 놓고 쌍문동 주민들은 나름대로의 재 테크 전략을 제안한다. 최택 친구인 덕선이의 아빠이자 한일은행 (현 우리은행) 직원인 성동일 씨는 이렇게 말한다. "좌우당간 목돈은 은행에다가 딱 박아놓는 것이 제일로 안전하당께. 물론 금리가 쪼 까 떨어져서 한 연 15%밖에는 안 하지만…." 이 말을 듣던 다른 이 웃집 주민은 이렇게 맞받아친다. "은행에 뭐하러 돈 넣어. 금리가 연 15%밖에 안 되는디, 그냥 아파트 사세요."

드라마의 시대적 배경은 1988년. 한국은행에 따르면 당시 은행 의 정기예금 평균금리(1년 만기 기준)는 연 10.0%였다. 1980년대 초반까지 평균 예금금리는 연 20%에 달했다. 예금금리는 1990년 대 초중반 한 자릿수로 떨어졌다가 1997년 외환위기를 맞아 이듬해 1월 연 17.7%까지 치솟은 후 같은 해 4분기부터 다시 한 자릿수가 됐다. 20년 전인 2000년 발행된 신문의 경제·금융 기사를 찾아보면 '초저금리 시대'라는 용어를 어렵지 않게 찾을 수 있다. '정기예금 금리가 연 6%대까지 떨어진 초저금리 시대에 투자처를 찾기 어렵다'는 내용도 쉽게 찾아볼 수 있다.

은행 예금금리가 연 1%대까지 떨어진 지금에선 선뜻 이해하기 어려운 대목이다. 한국은행에 따르면 2020년 2월 기준 은행의 가중평균 예금금리(신규취급액 기준)는 연 1.43%에 불과하다. 이는 시작에 불과하다는 관측이 나온다. 코로나19 사태를 계기로 '이자 없는 시대'가 본격화될 것이라는 게 전문가들의 공통된 전망이다. 각국 중앙은행이 경기부양을 위해 정책금리(기준금리)를 잇따라 제로 수준으로 내리고 있어서다. 마이너스 기준금리를 운용 중인 일부 국가는 마이너스 폭을 더 확대할 예정이다.

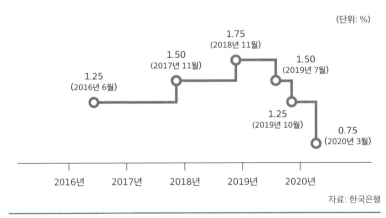

한국은행 기준금리 추이

(단위: %)

1.25
(2016년 6월)

1.50
(2017년 11월)

1.75
(2018년 11월)

1.50
(2019년 7월)

1.25
(2019년 10월)

0.75
(2020년 3월)

2016년 2017년 2018년 2019년 2020년

자료: 한국은행

| 예금에 보관료 내는 시대 올까? |

우선 이자와 금리에 대해 간단히 알아보자. 우리는 흔히 쓰는 금융이라는 용어의 사전적 의미는 자금을 융통한다는 뜻이다. 자금을 융통하는 과정에선 통상 웃돈이 붙는다. 사람들이 돈을 빌리거나 빌려주는 이유는 이 행위를 통해 이자라는 이익을 얻을 수 있기 때문이다. 만약 이자를 받지 못한다면 사람들은 굳이 돈을 빌려줄 필요를 느끼지 못하고 집 안 금고에 돈을 보관해둘 가능성이 높다. 쉽게 말해 언제까지 원금을 상환하고, 이자를 얼마나 낼지를 정한 후 자금을 이전하는 과정이 곧 금융이다.

자금을 이전하는 과정에서 이자금액은 어떻게 결정될까. 여기서 나오는 개념이 금리다. 금리는 한마디로 자금의 값이다. 금리의 종류는 다양하다. 금리는 크게 시장금리, 예금·대출금리, 정책금리로 구분할 수 있다. 시장금리는 자금 수요자가 자금이 모인 시장에서 직접 자금을 조달할 때 적용되는 금리다. 예금·대출금리는 말 그대로 은행과 소비자가 자금을 거래할 때 적용되는 금리다. 마지막으로 가장 중요한 것이 정책금리다. 통상 기준금리로도 불리는 정책금리는 중앙은행이 통화정책 목표인 물가 안정을 달성하기 위해 결정하는 금리다. 기준금리는 해외에선 통상 영어로 'base rate' 또는 'key interest rate'로 표현된다.

기준금리가 중요한 이유는 이 금리의 변화에 따라 시장금리와 예금·대출금리가 바뀌기 때문이다. 경제가 과열되거나 물가상승이 예상되면 기준금리를 올리고 반대로 경제가 침체되고 있다고 판단되면 기준금리를 낮춘다. 기준금리가 낮아지면 다른 금리도 내려가고, 반대로 오르면 다른 금리도 오른다.

기준금리가 제로 또는 마이너스가 된다면 다른 금리는 어떻게 될까. 특히 은행에 돈을 맡긴 대가로 받는 이자는 어떻게 될까. 고객이 이탈하는 것을 막기 위해 은행들이 예금금리를 마이너스까지 당장 낮출 가능성은 낮다. 예금금리가 마이너스라는 건 고객 입장에선 돈을 맡겨두는 대가로 이자를 받는 것이 아니라 사실상 보관료를 내야 한다는 뜻이기 때문이다. 하지만 분명한 건 수수료 등을 감안한다면 이자를 받기 위해 은행에 돈을 맡겨두는 기존의 전통적인 재테크는 더 이상 설 자리를 잃게 된다는 점이다.

| 제로까지 내려간 기준금리 |

전 세계 각국의 기준금리 현황은 어떨까. 우선 미국은 연 0~0.25%다. 캐나다는 연 0.25%, 영국 연 0.1%다. 유로존과 일본은 각각 연 -0.5%와 연 -0.1%다. 대부분의 국가가 제로에 근접하거나 마이너스 기준금리를 도입했다.

각국 중앙은행은 코로나19 사태가 본격화된 3월초부터 기준금리를 잇달아 내렸다. 앞서 미국 중앙은행은 3월 15일 기준금리를 연 1.00~1.25%에서 연 0.00~0.25%로 1%포인트 낮췄다. 2015년

12월 이후 4년 3개월 만에 제로금리로 복귀했다. 제롬 파월(Jerome Powell) 미 중앙은행 의장은 더 이상의 금리 인하는 없다는 뜻을 밝혔지만 시장에선 상황이 악화되면 금리를 한 차례 더 인하할 수 있다는 가능성을 배제하지 않고 있다. 영국과 캐나다 중앙은행도 3월 잇따라 기준금리를 0.5%포인트씩 낮췄다. 2016년부터 제로 기준금리를 도입하고 있는 유럽중앙은행도 연 -0.5%인 현 금리를 더 낮출 수 있다는 가능성이 제기된다. 한국은행도 3월 16일 금융통화위원회를 열고 기준금리를 연 1.25%에서 연 0.75%로 인하했다. 사상 첫 기준금리 0%대 시대다.

중앙은행이 정책금리를 잇달아 낮춘 건 코로나19에 따른 경제 충격을 완화하기 위해 시중에 유동성을 공급하기 위해서다. 코로나19로 인해 올해 세계 경제가 1930년대 대공황 이후 최악의 경기 침체를 겪을 수 있다는 판단에서다. IMF가 4월 14일 공개한 〈세계경제전망〉 보고서에 따르면 올해 세계 경제성장률 전망치는 종전 3.4%에서 -3.0%로 급감했다. 글로벌 금융위기 때인 2009년 (-1.7%)보다 1.3%포인트 낮다. IMF가 성장률 전망을 시작한 1980년 이후 최저 수준이다. 미국과 유럽의 올해 성장률 전망치는 각각 -5.9%와 -6.6%였다. 중국의 성장률 전망치는 1.2%로 중국 정부의 기대치인 6%보다 크게 낮다. 한국의 경제성장률 전망치도 종전 2.2%에서 -1.2%로 낮아졌다.

문제는 코로나19가 언제 끝날지 예상하기 어렵다는 점이다. 백신도 개발되지 않았다. 코로나19 확산 정도에 따라 성장률 전망치가 추가 하향될 가능성이 높다는 뜻이다. 각국 중앙은행들이 코로나19 여파에 따른 경기부양을 위해 기준금리를 지금보다 더 내리면서 마이너스 금리가 고착화될 수 있다는 관측이 제기된다.

기준금리가 내려가면 예금금리도 내려간다. 2020년 4월 기준으로 국내 은행들이 주력으로 판매하는 정기예금 상품의 금리는 연 0%대로 떨어졌다. 1,000만 원을 1년간 정기예금으로 예치해도 얻을 수 있는 이자는 10만 원도 안 된다. 물가 상승률을 감안하면 '밑지는 장사'다.

금융권에선 정기예금의 효용성은 사실상 사라졌다는 분석이 나온다. 과거엔 저성장 국면이어도 정기예금에 돈을 묻어두고 다음 투자처를 찾는 사례가 적지 않았다. 경기가 조만간 반등해서 금리가 다시 오를 것이라는 기대가 있었기 때문이다. 은행권에선 2020년 정기예금 이용 규모가 대폭 줄어들 것으로 보고 있다. 1~2년씩 정기예금으로 돈을 묶어놓는 데 대한 매력이 갈수록 떨어지고 있기 때문이다. 제로금리 시대가 되면서 정기예금은 오래 넣어둘수록 손해를 보는 구조다. 2~3년 맡겨도 1년 만기와 금리 차이가 크지 않기 때문이다.

이자가 사라지는 건 예금만이 아니다. 각국 중앙은행의 기준금리 인하에 따라 전 세계 마이너스금리 채권 비중도 또다시 급증할 전망이다. 특히 지금까지는 안전자산으로 불리는 국채를 만기까지 보유하면 안정적인 이자 수익을 확보할 수 있었다. 이를 말 그대로 들고 있는다는 뜻의 '캐리(carry) 수익'이라고 부른다. 국채금리가 마이너스금리가 되면 캐리 수익은 포기할 수밖에 없다.

〈파이낸셜타임스〉에 따르면 2019년 8월 말 전 세계 마이너스금리 채권 비중은 16조 8,000억 달러로, 전체 투자등급 이상 채권의 30%에 육박했다. 경기회복 기대감에 2019년 말 마이너스금리 채권 비중은 19.8%까지 떨어졌다. 하지만 각국의 코로나19 경기부양으로 마이너스금리 채권 비중이 급격히 늘어날 것이라는 게 〈파이낸셜타임스〉의 분석이다.

시장에선 주요국 국채 중 마지막 보루였던 미국 국채 10년물 수익률이 마이너스로 진입할 수 있다고 보고 있다. 미 국채 10년물 수익률은 2020년 초까지만 하더라도 연 1% 후반대를 유지했다. 그러나 Fed가 3월 금리인하 등 잇단 대책을 내놓자 수익률은 사상 처음으로 0%대로 떨어졌다. 유럽 주요국과 일본의 10년물 국채수익률은 이미 장기간 마이너스를 유지하고 있다.

제로금리 시대에 접어들면 과거처럼 위험부담 없이 채권과 예금에 투자해 이자를 받는 방식은 사라질 수밖에 없다. 미국 〈월스트리트저널〉은 "제로금리 정책은 은퇴자 등 이자생활자의 투자 전략을 완전히 바꾸게 될 것"이라며 "기대수익률을 조금이라도 높이기 위해 위험자산 투자가 급증할 수 있다"고 지적했다.

| 현금 없는 사회와 결합한 제로금리 |

중앙은행이 기준금리를 대폭 인하한 건 코로나19가 본격적으로 확산된 2020년 3월부터다. 다만 2019년 하반기부터 전 세계 각국 중앙은행은 기준금리를 일부 인하했다. 미국과 중국의 무역분쟁과 이에 따른 글로벌 제조업 침체로 세계 경제가 침체 국면을 보였기 때문이다. 한국은행도 2019년 7월과 10월 기준금리를 두 차례 내렸다. ECB도 2019년 9월 예금금리를 연 -0.4%에서 연 -0.5%로 내렸다.

기준금리는 경기 상황에 따라 오를 수도 내릴 수도 있다. 다만 전문가들은 코로나19를 계기로 촉발된 제로금리 시대가 뉴노멀(new normal)로 고착화될 수 있다는 전망을 내놓고 있다. 가장 큰 이유는 향후 경기 불확실성이지만 다른 이유도 존재한다. 앞서 서술한 '현금 없는 사회'가 빠르게 다가오고 있기 때문이다.

현금 없는 사회는 제로금리 시대와 밀접하게 결합하는 양상을 띠고 있다. 앞서 설명했듯이 자금융통 과정에서 만약 이자를 받지 못한다면 사람들은 굳이 돈을 빌려줄 필요를 느끼지 못하고 집 안 금고에 돈을 보관해둘 가능성이 높다. 현금이 중요한 사회에선 당연한 수순이다.

제로금리 시대의 핵심은 이자가 사라진다는 점이다. 결국 제로금리 시대의 최대 걸림돌은 현금이라는 뜻이다. 경기부양을 위해 제로금리를 도입했지만 돈이 집 안 금고에만 머문다면 경기가 살

아날 수가 없기 때문이다. 앞서 2016년부터 마이너스금리를 도입한 일본이 경기부양 효과를 당초 예상보다 내지 못하는 것도 일본인들의 현금 선호 현상 때문이라는 분석이 나온다.

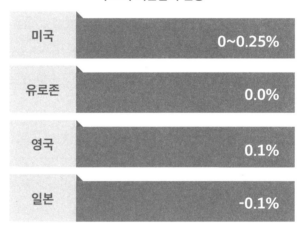

주요국 기준금리 현황

미국	0~0.25%
유로존	0.0%
영국	0.1%
일본	-0.1%

※ 2020년 4월 30일 기준
자료: 각국 중앙은행

중앙은행도 현금 없는 사회를 반기고 있다. 현금 없는 사회가 되면 중앙은행의 금리 정책이 강력한 효과를 발휘할 수 있기 때문이다. 케네스 로고프 하버드대학교 경제학과 교수는 저서인《화폐의 종말》에서 "중앙은행의 전통적인 통화 정책인 금리 정책이 효과를 발휘하기 위해선 지폐가 폐지돼야 한다"고 썼다. 초저금리로 인해 시중에 대거 풀린 현금이 집 안 금고가 아니라 생산적인 방향으로 투입되려면 현금 없는 사회가 전제돼야 한다는 뜻이다. 현금 없는 사회가 제로금리를 가속화할 수 있다는 것이 전문가들의 공통된 얘기다. 2009년 세계 최초로 마이너스금리를 도입한 스웨덴이 일찌감치 현금 없는 사회를 준비한 것도 이런 이유에서다.

10
온라인으로 빠르게 이동하는
대중문화 산업

코로나19 확산으로 자가격리자가 늘어나던 3월 6일 한국 정부는 흥미로운 발표 하나를 했다. 자가격리자들의 심리 안정을 위해 왓챠 영상 콘텐츠를 한 달간 무료로 제공하는 방안을 추진한다고 밝힌 것이다. 왓챠는 이용자가 부여한 별점에 따라 그 사람이 좋아할 만한 콘텐츠를 추천해주는 동영상 스트리밍 플랫폼이다.

코로나19는 대중문화 및 관련 산업에도 큰 영향을 주고 있다. 극장의 영화 및 연극 관람과 콘서트홀의 연주 및 공연 대중문화 산업은 기본적으로 사람들이 모여서 즐기는 형태를 갖고 있다. 하지만 코로나19에 따른 사람 간 거리두기로 기존과 같은 방식의 문화생활은 불가능해졌다.

하지만 자가격리자에 대한 왓챠 서비스 제공에서 보듯 사람들은 서로 떨어져 지내더라도 즐길거리가 필요하다. 코로나19로 상당수 문화 산업이 타격을 받은 가운데 일부에게는 기회가 되기도 하는 이유다. '포스트 코로나 시대', 대중문화 산업에서는 서비스의 내용과 형태에 따라 극명하게 명암이 엇갈릴 전망이다.

|〈사냥의 시간〉 vs 〈부부의 세계〉|

코로나19가 확산되는 가운데 언론에 큰 관심을 받은 영화와 드라마가 한 편씩 있다. 하나는 제작비가 100억 원에 육박하는 영화 〈사냥의 시간〉이다. 다른 하나는 남편의 외도를 주제로 한 드라마 〈부부의 세계〉다. 코로나19는 두 영상 콘텐츠 사이의 승패를 완전히 갈랐다.

〈사냥의 시간〉은 한국 영화로서는 적지 않은 제작비를 투입했지만 극장에 상영되지 못했다. 코로나19로 상당수 영화관이 문을 닫고, 나머지도 제한적인 운영에 들어갔기 때문이다. 결국 제작사는 20억 원에 이르는 마케팅비를 건지지도 못하고 동영상 스트리밍 서비스인 넷플릭스(Nexflix) 서비스를 택했다. 개봉을 기다려온 영화팬들은 극장이 아닌 집 안 거실 TV를 통해 〈사냥의 시간〉을 보게 됐다.

반면 드라마 〈부부의 세계〉에게는 코로나19가 기회가 됐다. 타인과의 접촉을 피해 일찍 귀가한 사람들이 늘면서 보다 많은 이들에게 주목을 끌게 된 것이다. 자극적인 소재와 결합하며 〈부부의 세계〉는 20%가 넘는 시청률을 올리게 됐다.

두 영상 콘텐츠의 엇갈린 희비는 코로나 유행 이후 대중문화 산업의 변화를 상징적으로 보여준다. 바로 집에서 즐길 수 있느냐 없느냐에 따라 업황이 극단적으로 엇갈리게 되는 것이다. 국내 최대 멀티플렉스 CGV는 3월 전국 35개 극장의 영업을 중단했다. 전체 직영점의 30% 규모다. 희망퇴직과 무급휴직도 실시했다. 연극과 뮤지컬 등 공연 관련 업종도 마찬가지다. 일자리를 구하지 못하는 이들이 급증하며 정부는 공연업을 특별고용지원업종으로 지정했다.

반면 각종 동영상 콘텐츠를 공급하는 사업자들은 코로나19로 새로운 기회를 맞이하고 있다. 넷플릭스의 가입자는 폭발적으로 늘어나 1분기에만 신규 가입자가 1,577만 명에 이르렀다. 이전 한 분기 가입자 증가 최고 기록인 960만 명의 1.6배 이상이다. 이에 따라 넷플릭스의 글로벌 이용자 수는 1억 8,290만 명에 이르렀다.

플랫폼 사업자 사이에 가입자 수를 확대하려는 경쟁도 불붙고 있다. 이 과정에서 각종 공연의 동영상화와 '안방 콘텐츠화'가 빠르게 이뤄지고 있다. LG유플러스는 대학로와 세종문화회관에서 볼 수 있었던 각종 공연을 IPTV로 서비스하기로 했다. 공연 관계자들에게 새로운 활로를 찾아주는 한편, 다른 통신사와 동영상 콘텐츠 경쟁에서 비교 우위를 확보하기 위해서다. KT도 올레TV에 독립 영화전용관을 만들어 극장을 갈 수 없는 영화팬들에 대한 공략에 나섰다.

이 같은 동영상 콘텐츠의 확대는 집 밖을 나가지 않고도 즐길 수 있는 대중문화 영역의 확대를 의미한다. 영상 인프라가 구축되면서 콘텐츠 이용자들은 코로나19에 대한 우려가 잦아든 뒤에도 극장과 공연장을 찾을 필요를 덜 느끼고, 이는 다시 동영상 콘텐츠 확대로 이어지는 결과로 이어질 전망이다.

| 아이돌 가수의 팬 미팅도 온라인으로 |

이처럼 대중문화 산업 전반이 동영상 콘텐츠 중심으로 재편되면서 가수들의 팬미팅과 콘서트 등도 동영상 서비스화가 이뤄지고 있다. SM엔터테인먼트는 3월 말 남자 아이돌그룹 엑소 중 한 명인 수호의 미니앨범 발매 기념 팬미팅을 '비디오 콜 이벤트'로 진행했다. 코로나19로 단체 행사를 할 수 없게 되자 실시간 방송을 통해 팬들과 만나 각종 질문에 답하는 등 반응을 주고받은 것이다. 이 같은 원격 팬미팅은 성공을 거뒀다. 그다음 주 각종 앨범 차트에서 수호의 미니앨범 〈자화상〉은 1위에 올랐다. 초기 판매량은 21만 장에 이르러 역대 솔로 초기 판매량 4위에 올랐다. 원격 팬미팅도 충분히 음반 판매로 이어질 수 있다는 점을 확인시킨 사례가 됐다.

YG엔터테인먼트의 남자 아이돌그룹 위너는 콘서트를 온라인으로 진행했다. 코로나19로 실제 공연장에서 하는 콘서트가 취소되자 스트리밍 서비스를 통해 콘서트를 연 것이다. 2019년 방탄소년단이 온라인 콘서트를 시도해 성공한 바 있다. 다만 콘서트를 온라인으로 전환한 데 따른 성과는 아직 제한적이다. 위너 콘서트의 수

입원은 광고와 기부금 형태에 그쳤다. 콘서트 수입의 대부분을 차지하는 티켓 판매료를 받지 못한 것이다. 방탄소년단의 온라인 콘서트도 기존 티켓의 20~30% 정도의 관람료를 받고 진행해 수익성 측면에서 실제 콘서트에 못 미쳤다. 이화정 NH투자증권 연구원은 "팬미팅을 원격으로 하면 비용 절감 효과는 크면서도 적지 않은 음반 판매 효과를 누릴 수 있는 것이 확인됐다"면서 "하지만 참여 자체가 경험 소비 등의 만족을 주는 콘서트는 아직까지는 원격 및 동영상화가 실제를 대체할 수 없는 것으로 나타나고 있다"고 말했다.

한편 코로나19는 한국 드라마 제작사들에게도 새로운 기회가 되고 있다. 넷플릭스는 "코로나19로 구독자와 수익이 늘고 있는 가운데 한국과 아이슬란드를 제외한 대부분의 콘텐츠 제작사가 문을 닫았다"고 밝혔다. 동영상 플랫폼 이용자가 늘며 관련 콘텐츠에 대한 수요 역시 크게 뛰고 있지만 정작 이를 만들어 공급할 제작사들이 코로나19 확산에 따른 피해를 입고 있다는 것이다. 그만큼 콘텐츠 정상 제작이 가능한 한국 드라마는 수혜를 입게 된다.

실제로 〈기묘한 이야기〉, 〈그레이 아나토미〉, 〈워킹 데드〉 등 전 세계 시청자들에게 이름이 알려진 미국 드라마들은 제작 지연에 따른 어려움을 겪고 있다. 하지만 한국에서는 각종 드라마가 정상적으로 제작되며 2020년에만 26편 이상의 콘텐츠가 넷플릭스에서 서비스될 예정이다. 한국 드라마에 대한 집중도가 높아진다는 의미로 한국 영상 콘텐츠에 관심이 없던 시청자들을 새롭게 끌어들이며 시장이 전 세계적으로 확대되는 결과로 이어질 수 있다. 글로벌 동영상 플랫폼 사업자들도 한국 콘텐츠에 대한 투자를 확대하고 있는 이유다. 2020년 3,084억 원인 넷플릭스의 한국 콘텐츠 투자비는 2025년 1조 1,820억 원으로 4배 가까이 늘어날 전망이다.

| 게임과 웹툰도 코로나 시대의 승자 |

동영상 콘텐츠와 함께 게임도 코로나 시대 대중문화 산업의 대표적인 수혜업종이다. 2020년 1월 춘제와 함께 우한이 봉쇄되고 자가 격리가 크게 늘었던 중국에서는 1인당 모바일 게임 이용 시간이 2019년 대비 18% 증가하며 일평균 이용 시간에서 사상 최대를 경신했다. 코로나19 확산 이후 중국 내 모바일 게임 다운로드 건수는 2019년 평균 대비 80% 급증했다. 국내에서도 2020년 3월까지 모바일 게임 총 다운로드 수가 35% 증가했다.

  미국에서는 코로나19 이후 늘어나는 온라인 트래픽의 상당부분을 게임이 차지하고 있는 것으로 나타나기도 했다. 주간 사용률을 기준으로 웹 사용은 20%, 비디오 스트리밍은 12% 늘어났지만, 게임은 75%에 이르렀다. 시장조사업체 닐슨(Nielson)의 분석에서도 게임 이용자들의 사용 시간은 미국에서 45%, 프랑스에서 38% 증가했다.

이에 따라 대표적인 온라인 게임 플랫폼인 스팀의 사용자는 3월 셋째 주 2,268만 명에 이르러 사상 최대치를 경신했다. 동시 접속 자 수도 2,000만 명을 돌파했으며, 가장 이용자가 많은 게임 '카운 터스트라이크'의 동시접속자도 100만 명을 넘어섰다.

코로나19를 통해 일본 게임업체 닌텐도(Nintendo)가 다시 한 번 중흥기를 맞은 것도 주목할 만하다. 닌텐도의 가정용 게임기 스위 치의 생산 및 판매 대수는 2020년 2,200만 대로 2019년 대비 10% 가량 늘어날 전망이다. 코로나19가 본격 확산된 2월부터는 닌텐도 게임기 품귀가 각국에서 나타났다. 일본에서는 중고 게임기 가격 이 원래 가격의 2배 이상인 6만 5,000엔까지 치솟았으며, 아마존 등에서도 중고 스위치가 500달러 안팎에 팔렸다. 가장 인기를 끌 고 있는 게임 '동물의 숲' 패키지는 일본에서 300만 개가 판매됐고, 한국에서는 품귀현상이 나타났다. 이 같은 호황에 미국 헤지펀드 밸류액트는 4월 닌텐도 주식 11억 달러(1조 3,500억 원)어치를 사들 이기도 했다.

아직 가시적인 성과는 없지만 웹툰 역시 코로나19 유행 이후 대 중문화 산업에서 각광받을 분야로 꼽힌다. 박정엽 미래에셋대우 연구원은 "코로나19 확산에 따른 웹툰 소비 확대 흐름에 네이버웹 툰의 유럽 진출, 웹툰 원작 드라마의 아시아 지역 히트 등의 호재가 겹치며 갈수록 성장성이 부각되고 있다"고 말했다.

대중문화 산업은 시간을 점유하는 산업이다. 이용자가 해당 콘 텐츠를 즐기는 데 얼마나 많은 시간을 보내느냐에 따라 수익 창출

능력이 좌우된다. 24시간이라는 인간의 유한한 시간을 영화와 드라마, 게임과 웹툰 등 각종 콘텐츠들이 더 많은 비중을 차지하기 위해 경쟁해왔다. 코로나19 충격으로 동영상화, 원격화가 얼마나 이뤄질 수 있느냐에 따라 미래 생존까지 영향을 받게 될 전망이다.

승자독식의 산업 구조도 강화될 전망이다. 급증한 가입자로 막대한 수익을 올리게 된 넷플릭스는 더욱 많은 돈을 콘텐츠에 투자할 계획이다. 넷플릭스 등 주요 동영상 플랫폼과 이들의 투자를 받는 콘텐츠 제작사를 다른 사업자들이 이기기는 더 힘들어졌다. 연예기획사들 역시 동영상 제작 역량과 관련 투자가 규모에 따라 영향을 받아 큰 업체들이 비교 우위를 누릴 것으로 예상된다. 게임 산업에서도 코로나19에 따른 제작 차질은 군소업체에 더 치명적일 것으로 예상된다.

이런 가운데 한국이 강점을 갖고 있는 드라마와 게임, 웹툰 등의 시장이 코로나19를 기점으로 더 넓어질 것이라는 점은 여러 가지 면에서 기회다. 투자는 물론 인력과 파생 산업에서도 수혜를 누리는 이들이 늘어날 전망이다.

3장

코로나 시대와
투자의 미래

코로나 시대에 달라진
삶, 경제,
그리고 투자

01

목표 수익률, 낮게 잡아라

이자는 인류 역사와 궤를 같이한다. 지금까지 수천 년 동안 사람들이 계속 돈을 빌려주는 것은 결국 이자라는 이익을 얻을 수 있기 때문이다. 만약 이자를 받지 못한다면 사람들은 굳이 돈을 빌려줄 필요를 느끼지 못할 것이고, 자금이 실물경제 곳곳에 돌지 않으면서 생산물도 줄어들 수밖에 없게 된다. 자금이 필요한 곳에 공급되지 못하기 때문이다. 금융 시장이 제대로 돌아갈 수 있는 이유도 이자라는 유인책이 있어서다. 인류 역사가 계속되는 한 이자는 항상 존재할 것처럼만 여겨졌다.

그러나 지금으로부터 80여 년 전에 이자의 종말을 예언한 학자가 있었다. 거시경제학의 대부 존 메이너드 케인스(John Maynard Keynes)다. 그는 1936년에 펴낸《고용, 이자, 화폐의 일반이론》에서 이자의 종말을 내다봤다. 자본이 많이 쌓일수록 수익률은 떨어지고, 자본소득(이자)으로 살아가는 이들은 사라질 것이라고 썼다.

1930년대 당시에는 상상으로만 여겨졌던 이 얘기가 결국 현실이 됐다.

1억 원을 1년 만기로 은행에 예금했다고 가정해보자. 예금금리가 2020년 4월 말 기준 연 0.8% 수준으로 떨어졌다고 하면 세금 등을 떼고 나면 1년 뒤 이자는 80만 원에도 미치지 못한다. 한 달 기준으로는 6~7만 원선에 불과하다는 뜻이다. 그야말로 '쥐꼬리' 다. 유럽 다수 국가나 일본에선 이자가 사실상 '제로'다.

경제성장이 과거보다 못해지면서 금리는 조금씩 낮아져왔다. 하지만 '이자 없는 시대' 진입을 당초 예상보다 앞당긴 건 코로나19 다. 각국 중앙은행은 코로나19에 따른 경제 충격을 최소화하기 위해 기준금리(정책금리)를 잇따라 제로 수준으로 내리고 있다. 마이너스 기준금리를 운용 중인 일부 국가는 마이너스 폭을 더 확대할 예정이다. 더욱이 돈을 무제한 공급하는 양적완화라는 비전통적 통화 정책까지 '뉴노멀'이 되면서 '이자의 종말'은 현실이 됐다. 이자가 사실상 사라진 초저금리 시대에 투자자들이 갈 곳을 잃었다는 분석이 나온다. 하지만 지금까지 경제위기 상황에서도 수익을 내는 투자자는 항상 존재했다는 것은 또 다른 얘기다.

| 유럽에서 먼저 시작된 마이너스금리 |

정책금리를 마이너스로 운용하기 시작한 국가는 전 세계에서 스웨

덴이 처음이다. 글로벌 금융위기 당시인 2009년 7월 스웨덴 중앙은행인 릭스방크는 세계 최초로 지급준비금 금리를 연 -0.25%로 인하했다. 이어 2015년 2월엔 시중은행과의 7일물 환매조건부채권(RP, 금융기관이 고객에게 일정 기간 후 금리를 더해 되사는 것을 조건으로 파는 채권) 매매 때 적용되는 기준금리인 레포금리(repo rate)를 전 세계 중앙은행 중 처음으로 연 -0.1%까지 내렸다. 통상 언급되는 기준금리는 레포금리를 뜻한다. 한국은행이 매달 발표하는 기준금리와 동일한 개념이다. 덴마크와 스위스 중앙은행도 정책금리를 마이너스로 낮췄다. ECB는 2014년 6월 출범 후 최초로 마이너스금리를 적용했다. 비유럽 국가에선 일본이 2016년 1월부터 마이너스 기준금리를 적용하고 있다.

스웨덴을 제외한 나머지 국가는 시중은행이 중앙은행에 단기자금(일일 기준)을 맡기고 받는 예금(예치)금리에 마이너스를 적용했다. ECB 기준금리 역할을 하는 레포금리는 현재 제로다. 정확하게 따지면 예금금리를 기준금리로 보기는 어렵지만 이 역시 정책금리라는 점을 감안한다면 마이너스금리로 봐도 무방하다.

마이너스금리의 핵심 목표는 경기부양이다. 자금을 중앙은행에 맡기면 수수료를 부과할 테니, 은행들이 기업과 가계에 돈을 더 대주라는 뜻이다. 기준금리가 마이너스가 되면 시중은행은 중앙은행에 지급준비금을 맡기는 대가로 수수료를 내야 한다.

중앙은행이 마이너스금리를 도입하면 소비자 입장에선 어떻게 될까. 스위스 투자은행 UBS는 2019년 11월부터 200만 스위스프랑(약 25억 원) 이상 개인 계좌에 연 0.75% 수수료를 부과하고 있다. 크레디트스위스(Credit Suisse)도 2019년 9월부터 100만 유로(13억 원) 이상 개인 계좌에 연 0.4% 수수료를 적용하고 있다. 덴마크 위스케뱅크(Jyske Bank)는 예금 잔액 750만 크로네(13억 300만 원) 이상 계좌에 연 0.6%의 수수료를 받기로 했다. 돈을 빌려주는 쪽이 되레 이자를 줘야 한다는 뜻이다.

다만 아직까지 소비자에게까지 마이너스 예금금리를 적용하는 은행은 유럽에서도 많지는 않다. 고객이 이탈하는 것을 막기 위해 은행들이 가계 대상 예금금리를 마이너스까지 당장 낮추지는 않고 있어서다. ECB에 따르면 2020년 2월 기준 유로존 시중은행들의 평균 예금금리(가계 대상 1년 만기)는 연 0.33%다. ECB가 마이너스 금리를 첫 도입한 2014년 6월 당시 유로존 은행들의 평균 예금금리는 연 0.57%였다. ECB가 현 -0.5%인 정책금리를 더 낮출 가능성이 나오고 있는 가운데 예금금리가 연 0%까지 더욱 근접할 것이라는 관측이 나온다.

| 제로금리 시대에는 부채부터 줄여야 한다 |

제로금리나 마이너스금리 시대 투자는 어떻게 해야 할까. 한국은행이 2020년 3월 16일 기준금리를 연 1.25%에서 연 0.75%로 인하하면서 사상 첫 기준금리 0%대 시대를 맞은 한국에선 유럽을 반

면교사로 삼을 수 있다.

우선 유로존 가계의 자산 비중을 살펴보자. ECB가 최근 발간한 가계자산보고서에 따르면 2019년 4분기 기준 주택을 비롯한 비금융자산 비중은 58.4%다. ECB에 따르면 유로존 가계는 비금융자산의 94%를 주택으로 보유하고 있다. 이어 예·적금(14.6%), 연금·보험(14.0%), 주식·펀드(12.2%), 채권(0.9%) 등의 순이다.

비금융자산 비중은 2015년 말(57.7%) 대비 0.7% 포인트 증가했다. 같은 기간 연금·보험 비중도 12.7%에서 14.0%로, 1.3% 포인트 늘었다. 반면 채권 비중은 0.6% 포인트 줄었다. 수치별로 보면 2019년 말 가계가 보유한 주택자산 규모는 3조 4,642억 유로(4,595조 원)으로 2015년 말 2조 9,783억 유로(3,951조 원)와 비교해 16.3% 증가했다. 최근 4년 사이 주택에 쏠린 자금이 644조 원에 달한다. 마이너스 정책금리를 도입한 이후 부동산 시장에 돈이 몰려든 여파다.

유로존 주택담보대출 금리(10년 이상 만기 기준)는 2020년 2월 기준 사상 최저치인 연 1.38%까지 떨어졌다. 스웨덴과 덴마크 등 북유럽 국가들의 주택담보대출 평균금리는 제로 수준이다. 초저금리 여파로 유럽의 가계부채도 치솟고 있다. 경제협력개발기구(OECD)에 따르면 덴마크, 네덜란드, 오스트리아, 스위스 등의 가처분소득 대비 가계부채 비율은 200%가 넘는다. 가계부채가 이미 문제가 되고 있는 한국(2018년 말 186%)보다 높다. 일각에선 주택시장의 버블 붕괴와 가계부채가 결합하면 글로벌 금융위기를 불러

온 미국의 서브프라임 모기지 사태가 유럽에서 발생할지 모른다는 우려를 제기하고 있다. 금리가 제로를 넘어 마이너스까지 떨어진 상황에서 오히려 가계부채가 '경제 뇌관'이 된 역설적인 현상이 발생한 것이다.

한국금융연구원은 2020년 4월 발간한 보고서 〈제로금리 시대의 잠재적 리스크와 대응〉에서 제로금리에 따른 첫 번째 리스크로 가계부채 증가를 꼽았다. 정책금리가 떨어지면 예금금리뿐 아니라 대출금리도 낮아지게 된다. 금융연구원은 대출금리 하락에 따른 차입비용 감소가 가계로 하여금 빚을 더 늘리게 하는 유인이 될 수 있다고 지적했다. 한국에선 불충분한 노후 준비로 인해 자영업에 뛰어드는 경우도 많다. 이 경우 사업자금 조달을 위해 부채를 급격히 늘리면서 가계부채가 문제가 될 수 있다는 뜻이다.

전문가들은 초저금리 시대일수록 부채 관리가 중요하다고 강조한다. 금리가 낮은 시기엔 대출을 통해 투자하는 것이 좋은 재테크 수단이라고 여기기 쉽다. 하지만 기대수익률이 대출금리와 크게 차이가 나지 않는다면 고금리 대출을 우선 줄이는 것이 가장 효율적인 재테크라는 것이 전문가들의 공통적인 설명이다. 2020년 4월 기준으로 국내 시중은행의 혼합형(5년간 고정금리 적용 후 변동금리 전환) 주택담보대출 금리는 최저 연 2% 중반대를 유지하고 있다. 금리가 제로까지 떨어진 상황에서 예금이나 캐리 수익에 기반한 채권투자를 통해 이 정도의 수익률을 얻는 건 사실상 불가능하다. 캐리 수익은 말 그대로 들고 있다는 뜻으로, 채권을 만기까지 보유하면 안정적인 이자 수익을 확보할 수 있는 방식을 뜻한다.

| 제로금리 시대에 욕심은 금물 |

제로금리 시대엔 상대적으로 자산을 불리는 데 걸리는 시간이 느려질 수밖에 없다. 예를 들어보자. 예금에 가입해 원금을 두 배로 불리려면 금리가 연 5%일 때는 14년이 걸린다. 연 3%면 23년이다. 복리효과를 더한다고 해도 연 1%일 때는 72년이 걸린다. 자산을 빠르게 불릴 수 있는 방법이 사라진다는 뜻이다.

　이 때문에 금리가 낮아질수록 위험 추구 성향이 강해질 수 있다는 우려가 나온다. 제로금리 시대에선 연금 수익률이 하락하는 등 노후 대비를 위한 자산 형성에도 어려움을 겪을 수 있다. 〈월스트리트저널〉은 "제로금리 정책은 은퇴자 등 이자생활자의 투자 전략을 완전히 바꾸게 될 것"이라며 "기대수익률을 조금이라도 높이기 위해 위험자산 투자가 급증할 수 있다"고 지적했다. 제로금리에서는 시장의 유동성이 풍부하기 때문에 특정 자산으로의 쏠림 현상이 나타날 경우 해당 자산 시장의 버블과 함께 자산 가격의 변동성도 크게 확대될 수 있다.

　코로나19에 따른 경기침체로 근로소득이 줄어들 수 있다는 점도 고민거리다. 소득이 줄어들면 어떻게 될까. 지출이 줄어들지 않는 한 불가피한 지출을 제외한 투자금액은 감소할 수밖에 없다. 가

처분소득 대비 저축액을 뜻하는 저축률을 살펴보자. 가처분소득은 개인소득 중 소비·저축을 자유롭게 할 수 있는 소득을 뜻한다. 한국의 저축률은 2017년 기준 7.6%다. 유로존의 2018년 저축률은 5.6%다. 전 세계에서 부동산 가격이 가장 높은 국가 중 하나인 영국의 저축률은 0.4%에 불과하다. 한국과 달리 전세 개념이 없는 영국에선 자가 가구가 아니면 월세로 거주하는 경우가 대부분이다. 월세를 내고 나면 사실상 투자할 수 있는 돈이 거의 없다는 뜻이다. 영국 은행의 평균 예금금리가 연 1% 안팎에 불과한 상황에서 영국 서민들의 최고 재테크는 '새는 돈 막기'다. 영국의 각종 재테크 인터넷 커뮤니티에선 불필요한 지출을 어떻게 하면 줄일 수 있는지에 대한 정보 교류가 활발하다. 불필요한 지출을 줄이는 것이야말로 돈을 모으는 지름길이라는 이유에서다.

사상 첫 연 0%대 기준금리 시대에 접어든 한국도 마찬가지다. 자산이 많은 부자가 아니라면, 위험 추구를 하기 싫다면 결국 남는 것은 씀씀이를 줄이는 것 말고 별 도리가 없다. 매월 지출하는 비용이 줄면 저축할 수 있는 금액이 늘어난다는 건 단순한 이치지만 쉽지 않은 일이다. 사회생활을 막 시작한 사회초년생들은 종잣돈 마련이 가장 중요하다. 지금처럼 코로나19 여파로 경제 상황이 불안정하고, 주식 시장이 출렁일 때는 수익률 추구보다는 원금 보전에 방점을 둬야 한다는 것이 전문가들의 공통된 조언이다.

증권 시장 주도주가 바뀐다

1929년 9월 3일 381.17로 사상 최고점을 찍은 미국 다우존스 산업평균지수는 1932년 7월 8일 41.22로 바닥을 찍을 때까지 89.2% 하락했다. 1929년 시작된 대공황의 여파였다. 은행과 기업이 줄줄이 파산하고 주식 시장엔 휴지 조각이 된 주식이 속출했다.

하지만 새로운 투자 기회는 그때도 싹을 틔우고 있었다. 1922년 30개였던 미국 라디오 방송국은 1930년 618개로 늘었다. 불황 속에서도 미국인들은 새로운 소식과 음악, 재밌는 이야기를 들려주는 라디오를 온종일 끼고 살았다. 1930년에 미국 가정의 약 40%가 라디오를 소유했다. 이 수치는 10년 뒤 83%로 뛰었다. 1933년 취임한 프랭클린 루스벨트 미국 대통령이 정책 설명 등 국민과의 소통 수단으로 라디오를 선택한 게 이상한 일이 아니었다. 라디오는 '1930년대의 인터넷', '1930년대의 스마트폰'이었던 셈이다.

라디오 관련 기업 주가는 자연스레 오를 수밖에 없었다. 1918년 설립된 제니스라디오(Zenith Radio)는 고품질의 라디오를 만들며 금방 주목받는 기업으로 떠올랐다. 1924년 휴대용 라디오, 1927년 버튼식 라디오 등을 세계 최초로 내놨다. 이 회사 주가는 미국 증시가 바닥이던 1932년부터 1954년까지 약 240배 올랐다. 이후 제니스는 TV 제조사로 변신했지만 일본 업체에 점유율을 빼앗기며 고전했다. 컴퓨터 사업 진출도, 제니스일렉트로닉스로 이름을 바꾼 것도 소용없었다. 제니스는 1999년 한국의 LG전자에 인수됐다.

기업의 주가 등락, 더 나아가 기업의 흥망성쇠는 '시대의 변화'라는 커다란 물결에 좌우될 때가 많다. 아무리 훌륭한 경영진과 전략으로 무장한 기업도 시대의 흐름을 잘못 타면 사세가 기울었다. 미국과 한국 증시에서 뜨고 졌던 기업들이 이를 말해준다. 앞으로 시대가 또 한 번 크게 바뀔 전망이다. 많은 전문가가 코로나19 이후의 세상이 이전과 많이 달라질 것이라고 한다. 바이오·헬스케어, IT, 엔터테인먼트 분야 기업이 코로나 이후의 세상에서 주도주가 될 것이라고 한다. 물론 미래를 예측하는 건 어려운 일이다. 예측과 전망에 있어선 전문가가 일반인보다 나을 게 없다는 말도 있다. 분명한 건 시대와 함께 기업과 산업의 운명이 변해왔다는 점이다.

| 시대에 따라 변한 미국 시총 1위 |

1800년대 중후반 미국은 '철도의 시대'였다. 동부에서 시작해 미

코로나 빅뱅, 뒤바뀐 미래

국 전역으로 철도가 깔리기 시작했다. 1840년 3,000마일이던 것이 1850년 1만 마일, 남북전쟁이 발발한 1861년엔 3만 마일에 달했다. 철도기업의 주식은 1850년대부터 미국 뉴욕증권거래소(NYSE)에서 거래됐는데, 약 30년 동안 미국 시가총액 1위를 철도업체들이 돌아가며 독식했다.

시카고 록아일랜드 앤드 퍼시픽 레일웨이, 뉴욕 센트럴 레일웨이, 일리노이스 센트럴 레일웨이 등 곡물 거래와 물류 중심지인 시카고를 다른 주와 연결하는 철도업체가 주로 시총 상위를 차지했다. 하지만 철도주 시총이 한때 전체 상장사 시총의 60%를 차지할 정도로 부풀어오른 데에는 투기도 한몫했다. 영국에서까지 미국 철도에 투자하려는 자금이 몰려들었다. 영국 신문에 날마다 미국 철도 투자 모집 광고가 실릴 정도였다.

철도주의 시대는 불현듯 저물었다. 공급 과잉으로 철도업체가 잇달아 파산했다. 철도에 투자한 금융사들도 부실해지며 '1893년 공황'을 불러왔다. 산업의 축도 다른 곳으로 향했다. 바로 석유와 철강이었다.

'석유왕' 존 데이비슨 록펠러(John Davison Rockefeller)가 세운 스탠더드오일(Standard Oil)은 뉴욕증권거래소에 상장하지 않고 장외에서 거래됐다. 그런데도 1890년대부터 독점금지법에 따라 강제 분할된 1911년까지 미국에서 시가총액이 가장 큰 기업이었다. 산업화로 석유 소비가 급격히 늘어나던 시대에 미국 전체 석유 생산의 90%를 담당하던 기업이었기 때문이다. JP모건(J.P.

Morgan)의 주도로 카네기스틸(Carnegie Steel) 등 여러 철강회사가 합병해 만들어진 US스틸(U.S. Steel)은 스탠더드오일 분할 후 세계에서 가장 비싼 회사 자리를 물려받았다. 미국 전체 철강 생산의 67%를 담당했다. 반독점 규제에 직면했지만 분할을 피했다. 다만 '전화의 시대'가 오는 것은 피하지 못했다.

1920년대부터 AT&T의 독주가 시작됐다. 1960년대까지 약 40년간 몇 해를 빼고 줄곧 시총 1위를 지켰다. AT&T는 '자연 독점'임을 내세웠다. 아날로그 전화망은 너무 복잡해서 후발 경쟁 기업들이 쉽게 운영할 수 없다고 주장했다. 미국이 믿을 만한 전화망을 보유하려면 하나의 기업이 전화망을 운영하는 게 낫다는 논리를 폈다. 미국 정부도 이에 수긍해 AT&T의 독점권을 허용했으나 AT&T가 지나치게 비대해지자 미국 법무부는 결국 1974년 반독점 소송을 제기했다. 1982년 AT&T는 여러 지역 자회사로 쪼개졌다.

AT&T 해체는 '컴퓨터의 시대'를 알리는 서막이기도 했다. 1970년대부터 컴퓨터가 본격적으로 보급됐다. 애플의 '애플2'가 출시된 것도 1977년이었다. 하지만 컴퓨터 시대의 제왕은 IBM이었다. 1970년대 중순부터 1990년대 초반까지 시총 1위를 달렸다. 하지만 누구나 IBM 호환 PC를 만들 수 있게 허용한 게 발목을 잡았다. IBM이 PC 시장 지배력을 잃어가는 동안 득을 본 건 운영체제(OS)를 만드는 MS와 중앙처리장치(CPU)를 만드는 인텔(Intel)이었다.

이후 제너럴일렉트릭(GE)과 MS, 엑슨모빌(Exxon Mobil)이 시총 1위를 다투던 시기를 지나 2012년부터 애플이 앞으로 치고 나갔다. 2007년 애플이 출시한 아이폰 덕분이다. 아이폰은 스마트폰이란 새로운 카테고리를 만들어냈다. PC, 카메라, 캠코더, 내비게이션, 녹음기, 음악 플레이어, 시계, 달력, 수첩 등 모든 걸 손안의 기기로 빨아들였다. 이른바 '모바일의 시대'를 연 신호탄이었다.

| 위기 때마다 바뀐 한국 증시 주도주 |

한국에서도 증시 주도주는 시대에 따라 변했다. 특히 사회를 뿌리째 뒤흔든 경제 위기가 변곡점이 됐다. 1997년 외환위기가 그랬다. 이전까지 국내 증시 시총 상위는 공기업, 통신, 은행 위주였다. 위기가 끝나자 민간 IT 기업들의 대약진이 시작됐다. 정부 주도의 경제개발과 관치금융이 힘을 잃고 시장경제에 자리를 내준 결과였다. '닷컴 붐'을 탄 창업 열풍도 한몫했다.

1996년 말 시총 1, 2위는 공기업인 한국전력(15조 4,000억 원)과 포항제철(현 포스코, 3조 4,000억 원) 차지였다. 삼성전자(3조 2,000억 원)는 3위에 그쳤다. SK 텔레콤 전신인 한국이동통신(2조 7,000억 원)과 LG유플러스 전신인 데이콤(1조 3,000억 원)이 각각 4위와 8위였다. 신한은행(1조 4,000억 원·6위)과 외환은행(1조 3,000억 원·9위) 등 시총 상위 50개 종목 중 12개가 은행이었다.

1999년 말 한국통신공사(현 KT)가 시총 1위를 차지했지만 한국전력과 포항제철은 각각 5위와 7위로 밀려났다. 대신 삼성전자

(2위)를 비롯해 SK텔레콤(4위), 현대전자(8위), LG정보통신(11위), 삼성전기(12위) 등 IT 관련주가 증시 주도주로 부상했다. 하나로통신(16위), 새롬기술(25위), 한글과컴퓨터(28위), 다음(31위) 등 신생 기업들이 대거 등장한 것도 이때였다.

위기를 겪은 뒤 증시 주도주가 바뀌는 일은 2008년 글로벌 금융위기 때도 반복됐다. 한국에선 금융위기 이후 IT와 비IT 간 주가 양극화가 더욱 커졌다. 위기가 끝난 후 스마트폰과 인공지능 등 4차 산업혁명 붐이 일었기 때문이다. 미국에서도 페이스북, 애플, 아마존, 넷플릭스, 구글 등 이른바 'FAANG' 기업이 증시를 이끌 때였다.

2007년 말부터 2019년 말까지 삼성전자 시총은 92조 원에서 370조 원으로 4배 증가했다. SK하이닉스는 6배, 네이버는 3배 늘었다. 반면 포스코와 삼성중공업은 반토막이 났다. KB금융은 제일저축은행, LIG손해보험, 현대증권 등을 인수했지만 시총이 23조 원에서 20조 원으로 줄었다. 변준호 유진투자증권 리서치센터장은 "미국 전기차업체 테슬라(Tesla) 시총이 매출로는 몇 배나 더 많은 GM을 넘어선 것처럼 기업 주가에는 시대의 변화가 반영된다"고 분석했다.

| 코로나에 부상하는 바이오기업 |

'코로나19 이후의 세계'에선 바이오가 산업구조 변화의 최전선에 설 전망이다. 온라인과 비대면 비즈니스 확대로 기존 IT 기업들도 계속 성장을 이어가겠지만 이미 스포트라이트는 바이오·헬스케어로 옮겨갔다. 국내 대기업들도 바이오·헬스케어 분야 대규모 투자를 준비하고 있는 것으로 알려졌다. 신약 개발 외에도 코로나19를 계기로 원격의료 등 새로운 시장이 열리고 있기 때문이다.

김지산 키움증권 리서치센터장은 "코로나19가 한국 바이오 산업에 홍보의 장이 됐다"며 "앞으로 의약품과 의료기기 등 국내 업체에 떨어질 일감이 많이 늘어날 것"이라고 내다봤다. 실제로 삼성바이오로직스는 2020년 4월 10일 미국 비어바이오테크놀로지(Vir Biotechnology)로부터 4,418억 원 규모의 코로나19 중화항체 수탁생산 계약을 따내 주가가 급등했다. 삼성바이오로직스 2019년 매출의 63.0%에 해당하는 수주다. 4월까지 삼성바이오로직스 시총은 약 29조 원에서 39조 원으로 10조 원 늘었다. 씨젠, 피씨엘, 수젠텍 등에도 진단키트 주문이 쏟아져 들어오고 있다. 씨젠 시총은 2019년 말 약 8,000억 원에서 2020년 4월 2조 3,000억 원 수준으로 3배 뛰었다.

방송, 게임, IT 부품 등으로 구성됐던 코스닥 시총 상위주도 바이오주로 재편되고 있다. 2019년 말 코스닥 시총 10위 내 바이오주는 세 곳에 그쳤지만 2020년 4월 말 현재 셀트리온헬스케어(1위),

에이치엘비(2위), 셀트리온제약(4위), 씨젠(7위), 휴젤(9위) 등 다섯 곳으로 늘었다.

미국에서도 길리어드, 존슨앤드존슨(Johnson & Johnson), 리제네론(Regeneron), 일라이릴리(Eli Lilly) 등 바이오주가 급등하며 증시 주도주로 부상하고 있다. 코로나19 치료제 후보 물질과 진단키트 수요가 급증하고 있어서만이 아니라 근본적으로 바이오·헬스케어 산업에 대한 시각이 바뀌고 있다는 게 전문가들의 진단이다. 이창목 NH투자증권 리서치센터장은 "지금은 당장 눈앞의 위기를 막느라 정신없지만 사태가 진정되고 나면 세계 각국에서 바이오 산업을 육성하고 의료 체계를 강화하는 정책이 쏟아져나올 것"이라며 "바이오·헬스케어 기업들의 위상이 한층 높아질 수밖에 없다"고 말했다.

코로나 빅뱅, 뒤바뀐 미래

길리어드는 인류를
구원할 수 있을까?

사람들을 두려움에 떨게 만드는 전염병이 퍼지자 세계는 다시 한 번 미국 길리어드 사이언스를 바라보고 있다. 2009년 신종플루가 세계를 휩쓸 때 거의 유일한 치료제가 되어줬던 타미플루, 2014년 서아프리카에서 에볼라가 유행할 때 최후의 대항 수단으로 여겨졌던 렘데시비르 등을 모두 길리어드가 개발했다.

2020년 코로나19로부터 세상을 구할 치료제로 현재 첫 손에 꼽히는 것도 바로 길리어드의 렘데시비르다. 이 신약이 코로나19를 치료할 수 있을지는 더 지켜봐야 하지만 앞으로도 새로운 전염병이 인류를 위협할 때마다 세계의 이목이 길리어드로 쏠릴 것이란 점은 의심의 여지가 없다. 길리어드가 항바이러스제 연구·개발에 특화된 세계 제일의 바이오제약 회사이기 때문이다.

| 뎅기열 걸렸던 과학자가 만든 기업 |

미국 캘리포니아주 포스터시티는 인구 3만 4,000여 명의 작은 마을이다. 위로 올라가면 샌프란시스코, 아래로 내려가면 테슬라와 구글 본사 등이 있는 팰러앨토와 마운틴뷰가 나온다. 겉으로 보기엔 평화로운 전원 마을이지만 소리 없는 총성이 오가는 실리콘밸리 한가운데 있는 셈이다. 이 포스터시티 인구의 약 3분의 1을 차지하는 게 길리어드 직원과 가족이다. 길리어드는 1987년 설립하며 이 마을에 자리 잡았다.

처음부터 바이러스에 집중했다. 스물아홉 살의 젊은 창업자 마이클 리오던이 뎅기열에 걸려 앓아누웠던 경험에서 출발한 회사였기 때문이다. 그는 세인트루이스 워싱턴대학교에서 생물학과 화학공학을 공부했다. 졸업 후 풀브라이트 장학생으로 영국에 갈 수도 있었지만, 헨리루스재단의 루스 장학 프로그램을 택했다. 29세 이하 미국인을 대상으로 여러 아시아 국가에서 인턴십을 할 수 있는 기회를 제공하는 프로그램이었다. 리오던은 필리핀 보건부로 갔다. 거기서 영양실조 클리닉에 배치돼 굶주린 아이들을 돌보던 중 모기에 물려 뎅기열에 걸린 게 인생의 전환점이 됐다.

3주 동안 고열, 피로, 메스꺼움에 시달리며 누워 있어야 했다. 의사들에게 물어봤지만 치료법이 없다는 말만 돌아왔다. 당시만 해도 의학계와 제약업계는 바이러스 치료에 큰 관심을 두지 않았다. 세균(박테리아)은 항생제로 치료할 수 있지만 워낙 다양하고 변이가 빠르게 일어나는 바이러스는 자연적으로 낫는 것 말고는 방법이 없다고 생각했기 때문이다. 충격을 받은 그는 아시아에서의 활동이 끝난 후 미국으로 돌아와 존스홉킨스 의과대학에 입학했다. 직접 의사가 돼 바이러스 치료법을 찾겠다는 각오였다.

| 2009년 신종플루로 주목받다 |

2009년 3월 말부터 미국 캘리포니아주 샌디에이고와 멕시코 등에서 신종플루가 발생했다. 1918년 전 세계에 퍼져 5,000만 명(추정치)의 목숨을 앗아간 스페인 독감과 같은 H1N1 계열이었다. 순식간에 유럽과 아시아로 퍼져나갔다. WHO는 그해 6월 11일 팬데믹을 선언했다. 이듬해까지 세계적으로 672만 4,149명이 확진 판정을 받았다. 1만 9,654명이 목숨을 잃었다. 미국에서만 3,433명이 사망했다.

한국에도 2009년 4월 26일 멕시코를 방문하고 귀국한 51세 여성이 5월 2일 첫 신종플루 환자로 확진됐다. 이후 여러 해외 여행객과 입국 외국인을 통해 신종플루가 빠르게 국내로 유입돼 2009년 10월 절정에 달했다. 총 75만 9,678명이 확진 판정을 받았고 270명이 사망했다.

이때 구세주처럼 등장한 것이 항바이러스제 타미플루였다. 인플루엔자 바이러스가 숙주 세포에서 빠져나오는 것을 막아 바이러스가 증식하는 것을 막는 원리였다. 리렌자와 함께 2009년 당시 쓸 수 있었던 유일한 치료제였다.

타미플루는 길리어드가 1996년 개발했다. 미국에서 매년 계절 독감으로 수많은 고령자가 목숨을 잃고 있었던 상황이었다. 길리어드 연구원이던 한국계 미국인 김정은 박사가 개발을 주도했다. 동물 실험에서 효능이 입증되자 다국적 제약회사 로슈(Roche)가 1997년 계약금 5억 달러에 향후 매출의 22%를 길리어드에 주는 파격적인 조건으로 판권을 사갔다. 1999년 FDA는 세계 최초의 항바이러스제로 타미플루의 시판을 승인했다. 타미플루는 로슈가 파는 상품명으로, 성분명은 오셀타미비르다.

벤처기업 수준이던 길리어드는 2009년 신종플루 사태를 계기로 일약 글로벌 제약사로 도약했다. 그해 로슈가 집계한 타미플루 매출은 32억 스위스프랑(약 4조 원)으로 전년보다 435% 급증했다. 길리어드의 매출도 2009년 70억 1,100만 달러(약 8조 6,000억 원)로 2008년 53억 3,600만 달러에서 31% 증가했다.

길리어드는 세계 최초의 C형 간염 치료제 소발디와 하보니, 에이즈를 유발하는 HIV와 B형 간염 치료제인 비리어드 등의 신약도 갖고 있다. 2019년 매출은 224억 4,900만 달러(약 27조 7,000억 원), 영업이익은 42조 8,700만 달러(약 5조 3,000억 원)로 불어났다.

길리어드사이언스: 주요 재무 정보

	2018년	2019년	2020년(E)	2021년(E)	2022년(E)
매출(백만 달러)	22,127	22,449	22,326	22,044	22,241
영업이익(백만 달러)	8,200	4,287	10,537	10,279	10,609
영업이익률(%)	37.1	19.1	47.2	46.6	47.7
순이익(백만 달러)	5,455	5,386	7,981	7,920	8,163
EPS(달러)	4.2	4.2	6.3	6.4	6.6
PER(배)	15.0	15.4	13.3	13.2	12.8
EV/EBITDA(배)	6.9	12.5	9.0	9.2	8.9
PBR(배)	3.8	3.7	4.2	4.6	4.8
ROE(%)	26.1	24.5	42.1	36.3	35.8

※ 주가는 2020년 4월 17일 종가 기준, (E)는 예상치
자료: 레피니티브(REFINITIV), 에프앤가이드

| 코로나19로 다시 이목 쏠린 길리어드 |

코로나19로 길리어드는 또 한 번 주목을 받고 있다. 유력한 코로나19 치료제로 꼽히는 렘데시비르 때문이다. 이 약은 2014년 서아프리카 에볼라 대유행 때 치료제로 개발됐다. 임상 1상을 통과하는 등 에볼라 치료에 효과가 있다는 점은 확인된 것이다. 그러나 타당성 조사에서 기존 에볼라 치료 약품과 비교해 렘데시비르가 특별히 효과가 나은 것은 아니라는 결과가 나오면서 개발이 중단됐다. 이후 에볼라가 급격히 수그러든 점도 실전에서 사용될 기회를 얻지 못한 원인이다.

렘데시비르가 다시 이슈가 된 것은 코로나19 환자를 치료하는 과정에서 렘데시비르가 효과를 나타냈다는 사례가 세계 곳곳에서 보고됐기 때문이다. 처음 중국 의료진이 여러 약물을 섞어서 쓰는 칵테일 치료를 하면서 발견했다. 이후 체코, 이탈리아, 네덜란드, 스페인 등에서도 비슷한 사례가 보고됐고 2020년 3월 길리어드는 렘데시비르 개발을 재개하고 FDA에 코로나19에 대한 긴급 임상을 신청했다.

임상이 여러 곳에서 동시에 진행되는 과정에서 상반된 결과가 나오고 있다. 미국 시카고대학교 임상 3상에서 대부분 환자에서 증상이 호전되는 결과를 얻었지만 표본이 적고 대조군이 없는 것이 문제로 지적됐다. 중국에서 진행한 임상에선 치료 효과가 전혀 없었다는 사실이 〈파이낸셜타임스〉를 통해 보도됐다. 길리어드는 중국 임상에 대해 "중국 임상은 낮은 참여로 조기 종료돼 통계적으로 의미 있는 결론에 이르지 못한 것"이라고 해명했다.

현재 마땅한 코로나19 치료제가 없는 만큼 첫 번째로 개발되는 치료제의 상업적 가치는 천문학적 수준에 이를 것으로 전망된다. 세계 각국에서 확진자 증가세가 둔화되며 경제 활동이 재개되고 있지만 2차 유행을 막으려면 치료제 개발이 필수적이기 때문이다. 전문가들은 백신 개발에 1~2년의 시간이 걸리는 만큼 지금은 치료제를 유일한 코로나19 탈출구로 보고 있다. 길리어드 주가가 2020년 들어 4개월간 20% 넘게 오른 것도 투자자들의 이런 기대를 반영하고 있다는 분석이다. 같은 기간 미국 S&P500지수는

10% 넘게 하락했다.

길리어드사이언스의 주가 변동 추이

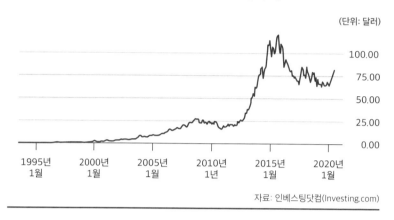

(단위: 달러)

자료: 인베스팅닷컴(Investing.com)

전문가들은 렘데시비르가 실패하더라도 앞으로 길리어드의 시대가 계속될 것이라 전망한다. 세계가 겪을 바이러스로 인한 전염병이 코로나19가 끝이 아니기 때문이다. 길리어드는 약품 생산의 대부분을 외주로 돌리고, 본업인 신약 개발에만 몰두하고 있다. 미국 본사 직원 중 연구개발자 비율이 45%에 이른다. 높은 영업이익률과 본업(연구·개발) 집중으로 '제약업계의 애플'로 불리는 이유다.

신재훈 한화투자증권 연구원은 "길리어드는 항바이러스 연구·개발에 특화한 제약사로 잠재 신약 물질을 보유하고 있다"며 "전염병뿐 아니라 바이러스로 인한 질병을 치료하는 데 없어선 안 될 기업으로 자리매김하고 있다"고 말했다.

04

코로나 시대 주도할 국내외 IT 기업은?

코로나 시대 또는 포스트 코로나 시대에 투자 대상으로 주목할 기업은 어디일까. 사람들의 생활양식 변화에서 단초를 읽을 수 있다. 집에 머무는 시간이 늘고 각종 IT 기기 사용은 늘어난다. 그렇지 않아도 디지털화가 진행되고 있었는데 코로나19는 그 속도를 더 빠르게 만들고 있다. 국내외 투자전문기관들은 대형 IT 기업을 우선 주목하라고 한다.

| 클라우드 사업에 속도 내는 구글 |

다양한 IT 분야에서 세계 시장을 장악하고 있는 구글의 모회사 알파벳(Alphabet)의 행보는 언제나 관심을 끌게 마련이다. 1998년 미국 스탠퍼드대학교 대학원 학생이었던 세르게이 브린과 래리 페이지가 설립했다. 세계 최대 인터넷 검색 엔진으로 성장한 구글을 앞세워 동영상 유통 시장(유튜브), 모바일 운영 체제(안드로이드) 등의 시장 점유율을 높였다. 시장조사업체 스탯카운터(StatCounter)에 따르면 2020년 3월 기준 PC와 모바일 등 모든 인터넷에서 구글의 시장 점유율은 92%에 달한다.

유튜브의 글로벌 시장 점유율도 상당하다. 한국에서만 80%가 넘는다. 안드로이드는 애플의 아이폰을 제외한 스마트폰 시장에서 90% 이상의 소비자가 사용하고 있다. IT 업계의 차세대 먹거리인 AI 분야에서도 구글의 AI 전문 자회사인 딥마인드(DeepMind)가 세계 최고 수준의 기술력을 보여주고 있다. 자율주행 전문 자회사 웨이모(Waymo)의 기술력도 세계 최고 수준이다. 구글은 자사의 검색엔진 기반의 광고 사업으로 벌어들인 돈으로 사들인 스타트업들이 큰 성과를 내면서 급격히 성장했다. 유튜브, 안드로이드, 딥마인드 등이 대표적이다.

구글이 최근 뒤늦게 고삐를 죄고 있는 사업 분야가 있다. 클라우드다. 글로벌 시장조사업체 카날리스(Canalys)의 2019년 발표에 따르면 2019년 기준 글로벌 클라우드 인프라 시장 점유율은 AWS가 32.3%로 1위다. MS가 16.9%로 2위다. 두 회사가 세계 클라우드 시장의 절반 이상을 차지하고 있다. 구글은 3위이지만 시장 점유율은 5.8%에 그친다. 다음은 알리바바로 4.9%다.

구글은 클라우드 사업을 확대하기 위해 2020년 2월 서울에도 처음으로 데이터센터를 세웠다. IT 분야에서 향후 성장 잠재성이 가장 큰 분야가 클라우드이기 때문이다. 다양한 업종의 기업들이 AI 등을 활용한 디지털 트랜스포메이션(digital transformation, 디지털 전환)에 나서면서 클라우드 도입은 필수가 됐다. 이번 코로나19 사태에서 클라우드가 주목을 받았다. 온라인 교육과 재택근무가 확대되면서다. 이런 언택트 방식의 기술적인 바탕이 클라우드다.

코로나19의 영향으로 기존에도 막강한 시장 점유율을 차지했던 서비스들은 더욱 성장할 전망이다. 유튜브와 안드로이드 바탕의 앱 사업이 대표적이다. 코로나19 확산으로 사용자가 모두 급증했다.

알파벳: 주요 재무 정보

	2018년	2019년	2020년(E)	2021년(E)	2022년(E)
매출(백만 달러)	136,819	161,857	174,274	208,002	237,246
영업이익(백만 달러)	27,524	34,231	34,886	43,521	50,552
영업이익률(%)	20.1	21.1	20.0	20.9	21.3
순이익(백만 달러)	30,736	34,343	32,090	39,287	45,451
EPS(달러)	43.7	49.2	46.8	57.2	65.8
PER(배)	23.9	27.2	27.3	22.4	19.4
EV/EBITDA(배)	15.0	16.3	12.9	10.6	9.5
PBR(배)	4.1	4.6	3.9	3.2	2.9
ROE(%)	18.6	18.1	15.0	15.9	14.1

※ 주가는 2020년 4월 17일 종가 기준, (E)는 예상치
자료: 레피니티브, 에프앤가이드

| 페이스북, 스트리밍 시장에 지각변동 일으킬까? |

세계 최대 SNS 페이스북을 운영하는 페이스북은 2020년 갈림길에 서 있다. 그동안은 성장세가 가팔랐다. 2003년 당시 18세의 미국 하버드대학교 학생 마크 저커버그가 만든 교내 사이트 '페이스매시'(Facemash)가 시작이었다. 이후 서비스명을 페이스북으로 변경하고 서비스 대상 대학을 늘렸다. 2006년에는 13세 이상의 이메일 주소가 있는 사용자라면 누구나 사용할 수 있도록 확대했다. 2012년에는 뉴욕증권거래소의 기업공개(IPO)에 성공했다. 글로벌 이용자 수는 2019년 25억 명을 돌파했다. 2019년 매출은 706억 달러로 1년 전보다 26.6% 증가했다.

하지만 잇따른 이용자의 개인정보 유출 사고로 페이스북은 흔들리고 있다. 〈블룸버그〉에 따르면 페이스북은 2019년 자사의 소프트웨어 프로그램을 이용하는 외부 개발자들에게 페이스북의 '비공개 그룹' 가입자의 이름과 사진을 노출했다. 앞서 페이스북은 2016년 미국 대통령 선거 당시 트럼프 대통령 캠프와 연관된 영국 데이터분석 업체 케임브리지애널리티카(CA)에 이용자 정보를 개별 동의 없이 수집해 제공하다가 2018년에 적발됐다. 피해 규모는 최대 8,700만 명에 달한다. 계속되는 개인정보 유출 사고에 페이스북은 개인정보를 보다 쉽고 편리하게 관리할 수 있도록 보안 부문을 개편하고 있다.

서비스 분야는 확대하고 있다. 페이스북은 2020년 4월 e스포츠 게임 대회 등을 생중계하는 스트리밍 시장에 뛰어들었다. 관련 서비스의 출시 시기를 애초 계획보다 앞당겼다. 코로나19 확산으로 외출을 줄인 사람들이 증가한 영향 때문이다. 코로나19가 확산한 2020년 3월 게임 이용자와 게임 영상 시청자 수가 세계적으로 증가했다.

　세계 금융당국의 반발에도 페이스북이 가상화폐 리브라 사업을 계속 추진하고 있는 것도 주목할 만하다. 페이스북은 2020년 4월 리브라 사업 계획을 수정한다고 발표했다. 당초 페이스북이 세계적으로 통용되는 단일 가상화폐 시스템을 만들겠다는 계획은 포기하겠다는 것이 골자다. 대신 국가별로 다양한 형태의 리브라 코인을 내놓겠다고 밝혔다.

페이스북: 주요 재무 정보

	2018년	2019년	2020년(E)	2021년(E)	2022년(E)
매출(백만 달러)	55,838	70,697	78,730	96,596	112,435
영업이익(백만 달러)	24,913	23,986	27,938	35,094	40,566
영업이익률(%)	44.6	33.9	35.5	36.3	36.1
순이익(백만 달러)	22,112	18,485	23,611	29,566	34,128
EPS(달러)	7.6	6.4	7.9	10.0	11.6
PER(배)	17.3	31.9	22.7	18.0	15.5
EV/EBITDA(배)	11.6	18.8	11.8	9.5	8.0
PBR(배)	4.5	5.8	4.2	3.4	2.8
ROE(%)	27.9	20.0	21.4	21.4	22.4

※ 주가는 2020년 4월 17일 종가 기준, (E)는 예상치
자료: 레피니티브, 에프앤가이드

| 실생활과 더욱 가까워지고 있는 마이크로소프트 |

MS는 빌 게이츠와 폴 앨런이 1975년에 세웠다. 대표적인 상품은 윈도(Windows)다. 누구나 컴퓨터를 쉽게 사용할 수 있도록 도와주는 PC운영 프로그램이다. 시장조사업체 스탯카운터에 따르면 2020년 3월 기준 PC 플랫폼의 시장 점유율이 77.1%에 달한다.

웹브라우저 '인터넷 익스플로러', 사무용 소프트웨어인 'MS 오피스', 콘솔용 게임기 '엑스박스 시리즈' 등 MS의 다른 제품들도 세계 시장의 점유율이 높다.

하지만 2010년대에 들어 글로벌 IT 시장에서 밀리기 시작했다. 급격히 성장한 스마트폰과 태블릿PC 시장에서 경쟁업체에 뒤처졌다. MS는 '윈도 모바일'이라는 모바일용 OS를 내놨지만 시장에서는 구글 안드로이드와 애플 iOS의 양강 구도가 형성됐다.

MS의 재도약은 2014년 사티아 나델라가 MS의 세 번째 CEO가 되면서 시작됐다. 그는 클라우드 사업에 회사 역량을 집중했다. IT가 발달하고 통신 속도가 빨라지면 클라우드의 수요가 급증할 것이라 판단했다. 인공지능, 빅데이터, 자율주행 등 첨단 IT의 바탕도 클라우드다. MS의 매출은 나델라 CEO가 취임한 2014년 868억 3,300만 달러에서 2018년 1,103억 6,000만 달러로 4년 사이 27% 증가했다. 2018년 12월에는 애플을 제치고 16년 만에 전 세계 시가총액 1위 기업으로 올라섰다. 회계연도 기준 2020년 2분기 매출도 1년 전보다 14% 늘었다.

코로나19로 언택트 방식이 확산되면서 MS는 실생활에 더욱 파고들고 있다. 2020년 4월 사상 초유의 국내 온라인 개학이 대표적인 사례다. 교사가 전달하려는 학습 내용은 클라우드 서버를 통해 PC, 태블릿PC 등으로 전달된다. 수십만 명의 학생이 같은 교육 콘텐츠를 동시에 접할 수 있는 방법이다. 관련 서버 중 일부를 MS의 클라우드 서비스인 애저가 맡았다. 재택근무와 모바일 게임 이용 등의 증가도 클라우드 수요 증가 요인이다. 화상회의 기능을 지원하는 MS의 업무 협업 소프트웨어 팀즈의 사용자도 늘었다.

마이크로소프트: 주요 재무 정보

	2018년	2019년	2020년(E)	2021년(E)	2022년(E)
매출(백만 달러)	110,360	125,843	141,139	156,915	176,031
영업이익(백만 달러)	35,011	42,933	51,559	56,653	65,106
영업이익률(%)	31.7	34.1	36.5	36.1	37.0
순이익(백만 달러)	16,571	39,240	43,129	47,191	54,037
EPS(달러)	2.1	5.1	5.6	6.2	7.1
PER(배)	46.4	26.5	31.9	28.9	25.1
EV/EBITDA(배)	14.0	18.8	20.3	18.5	16.1
PBR(배)	9.2	10.0	11.4	10.0	8.5
ROE(%)	19.5	42.4	38.9	36.7	36.0

※ 주가는 2020년 4월 17일 종가 기준, (E)는 예상치
자료: 레피니티브, 에프앤가이드

코로나 빅뱅, 뒤바뀐 미래

| 네이버, 기술 플랫폼 기업으로의 도약 |

네이버도 코로나19 사태에서 주목받은 국내 IT 기술기업 중 하나다. 1999년에 설립된 네이버는 야후, 다음 등 국내외 경쟁업체들을 따돌리고 2002년 국내 포털업체 1위로 올랐다. 국내 사업을 안착시킨 네이버는 해외 진출에 나섰다. 미국, 일본, 중국 등에 게임, 검색 등 다양한 인터넷 서비스를 내놨지만 성과를 내지는 못했다. 일본 시장 철수까지 고려하던 2011년에 기회를 잡았다. 당시 일본 도호쿠 대지진 발생으로 모바일 메신저의 시장성을 발견했다. 바로 개발에 착수해 3개월 만에 모바일 메신저 라인(LINE)을 내놨다. 일본 '국민 메신저'로 불리는 라인의 글로벌 실사용자 수는 2019년 12월 기준 1억 6,400만 명에 달한다.

해외 시장 공략은 강화하고 있다. 동영상과 웹툰 유통 서비스가 대표적이다. 2019년 네이버의 동영상 유통 서비스 브이라이브의 월간 이용자 수는 3,000만 명이 넘었다. 해외 사용자 비중이 85%에 달한다. 네이버의 웹툰 서비스도 해외에서 성과를 내기 시작했다. 네이버웹툰은 미국 등 글로벌 시장에서 성장하면서 글로벌 실사용자가 6,000만 명을 넘어섰다.

인공지능 등 첨단기술 개발에도 공을 들이고 있다. 포털업체에서 기술 플랫폼 기업으로 도약하기 위해서다. 네이버의 기술 전문 자회사인 네이버랩스가 네이버의 미래를 책임지고 있다. 자율주행차에 들어갈 서울 주요 도로 고정밀 지도를 제작하고 있다. 이른바

'브레인리스 로봇'(두뇌가 없는 로봇)으로 불리는 신개념 로봇 역시 네이버랩스의 기대작으로 꼽힌다. 5세대(5G) 이동통신 기술을 활용한 로봇을 2019년 세계 최대 전자 전시회인 CES에서 소개하기도 했다.

국내에서 코로나19가 확산할 때는 네이버의 클라우드 기술이 주목을 받았다. 2020년 4월 사상 초유의 온라인 개학을 뒷받침했다. KERIS가 운영하는 공공 교육 사이트인 'e학습터'의 서버 운영을 맡았다. 재택업무를 도와주는 업무용 온라인 협업 서비스인 네이버의 라인웍스를 도입한 기업도 늘었다. 2020년 3월 기준으로 1년 전보다 열 배 이상 증가했다.

네이버: 주요 재무 정보

	2018년	2019년	2020년(E)	2021년(E)	2022년(E)
매출(억 원)	55,869	65,934	74,360	83,102	93,506
영업이익(억 원)	9,425	7,101	9,608	13,237	17,439
영업이익률(%)	16.9	10.8	12.9	15.9	18.7
순이익(억 원)	6,279	3,968	7,465	8,710	12,180
EPS(원)	3,937	3,538	5,342	6,035	8,442
PER(배)	31.0	52.7	33.5	29.7	21.2
EV/EBITDA(배)	14.3	23.8	20.3	15.6	11.6
PBR(배)	3.1	4.3	3.7	3.4	2.9
ROE(%)	13.0	10.6	14.2	14.2	17.4

※ 주가는 2020년 4월 17일 종가 기준, (E)는 예상치
자료: 레피니티브, 에프앤가이드

코로나 빅뱅, 뒤바뀐 미래

| 콘텐츠 시장으로 영역 넓히는 카카오 |

2006년 아이위랩이라는 이름으로 시작한 카카오는 2010년 내놓은 모바일 메신저 카카오톡의 성공으로 국내 대표 IT 기업으로 올라섰다. 네이버, 다음, SK커뮤니케이션 등 경쟁 IT 기업들도 이 시장에 도전했다. 하지만 카카오톡은 모바일 메신저의 안정성을 유지하면서도 속도를 높이는 전략을 내세워 국내 모바일 메신저 시장을 장악했다.

초창기 카카오톡의 과제였던 흑자 전환은 파트너와의 상생으로 해결했다. 기업용 광고 플랫폼 '플러스 친구', 전자상거래 서비스 '선물하기', 유료 이모티콘 판매 등을 내놨다. 2012년 카카오톡에서 모바일 게임 유통을 시작했다. 관련 매출이 급증하며 2012년 첫 흑자를 달성했다. 카카오톡 선물하기 서비스의 경우 처음에는 15개에 불과했던 입점 브랜드가 2020년 4월 기준 6,000개가 넘는다. 이모티콘도 카카오톡의 대표 상품으로 자리 잡았다. 2019년까지 누적 10억 원 이상 매출을 올린 이모티콘은 50개를 넘었다.

사업 영역도 확장했다. 2014년 포털업체 다음과 합병했다. 2016년에는 국내 1위 음원 유통 서비스인 멜론을 인수했다. 이듬해에는 카카오뱅크를 설립하며 금융업에도 진출했다. 사업 분야는 모바일 메신저, 검색, 쇼핑, 금융, 음원유통, 웹툰, 모빌리티(이동수단) 등으로 광범위해졌다.

코로나19 확산으로 주목받는 카카오의 사업 분야는 콘텐츠 사업이다. 언택트 방식을 선호하는 소비자가 증가면서 집에서 즐길 수 있는 웹툰, 드라마, 영화 등의 수요가 증가했다. 카카오의 콘텐츠 유통 전문 자회사 카카오페이지는 웹툰, 웹소설, 영화, 드라마 등을 제공하고 있다. 엔터테인먼트 전문 자회사 카카오M은 2019년 BH엔터테인먼트(소속 배우 이병헌, 한효주 등), 제이와이드컴퍼니(김태리 등), 숲엔터테인먼트(공유, 공효진, 전도연 등) 등 국내 유명 배우들의 소속사들을 잇따라 인수했다. 기존에 보유한 킹콩바이스타쉽(유연석, 이동욱 등), E&T스토리엔터테인먼트(김소현 등) 등은 다른 연예기획사의 배우를 포함해 130여 명의 인기 배우를 거느리고 있다. 카카오는 막강한 한류 스타 자원을 바탕으로 영상콘텐츠 사업을 강화할 계획이다.

카카오: 주요 재무 정보

	2018년	2019년	2020년(E)	2021년(E)	2022년(E)
매출(억 원)	24,170	30,701	37,634	43,922	51,373
영업이익(억 원)	729	2,068	3,938	5,355	6,756
영업이익률(%)	3.0	6.7	10.5	12.2	13.2
순이익(억 원)	159	-3,419	2,823	3,926	4,941
EPS(원)	613	-3,578	3,333	4,593	5,664
PER(배)	168.0	N/A	51.6	37.5	30.4
EV/EBITDA(배)	33.9	27.8	22.2	17.4	13.6
PBR(배)	1.7	2.5	2.8	2.6	2.4
ROE(%)	1.0	-5.8	5.5	7.2	8.3

※ 주가는 2020년 4월 17일 종가 기준, (E)는 예상치
자료: 레피니티브, 에프앤가이드

코로나 빅뱅, 뒤바뀐 미래

05
급부상하는 자율주행차

미국 최고 병원 중 하나로 꼽히는 메이오클리닉은 2020년 3월 30일 플로리다 잭슨빌 병원에 자율주행셔틀 4대를 도입했다. 운전자가 없는 이 셔틀은 드라이브스루 검사소에서 채취한 검체를 병원으로 이송한다. 안전과 인력 부족 문제를 동시에 해결할 수 있다는 게 병원 측의 설명이다.

중국의 자율주행 스타트업 네오릭스(Neolix)의 2019년 생산량은 125대였다. 2020년에는 2~3월에만 200대 넘게 주문을 받았다. 알리바바, 징둥닷컴 등 온라인 유통업체들이 배송용 차량을 대량으로 발주하고 있다. 이 회사는 2월 2억 위안(약 344억 원) 투자를 유치했고, 이미 창저우시에 연 1만 대 규모의 공장도 마련해놓았다.

| 완성차 시장은 타격 |

코로나19의 확산은 글로벌 경제에 심각한 타격을 입혔다. 자동차 시장도 크게 위축되고 있다. 시장정보업체 IHS마킷(IHS Markit)은 2020년 세계 승용차 판매량을 2019년보다 22% 줄어든 7,030만 대로 예상했다. 판매 감소는 자동차회사들의 경영 전략에도 큰 영향을 줄 수밖에 없다. 자율주행자동차, 전기자동차 등 미래차 시장을 선점하기 위해 쏟아붓던 연구개발(R&D) 예산도 줄어들 가능성이 높다.

코로나19는 자율주행 기업들 중에서 옥석을 가리는 계기가 될 것으로 보는 견해도 있다. 보이지(Voyage)의 CEO 올리버 캐머런은 "코로나19 팬데믹은 모든 업종에서 투자자들을 보수적으로 접근하도록 만들었다. 자율주행 부문에서도 투자자들이 대상 기업을 더욱 신중하게 고르고 있다"고 전했다. 보이지는 미국 은퇴자들이 모여드는 플로리다주에서 노인들을 대상으로 자율주행차를 활용한 이동 서비스를 제공하고 있다.

자율주행차는 최근 10여 년간 글로벌 자동차 산업을 주도해온 트렌드다. 거의 모든 완성차 업체와 부품업체들이 관련 기술 개발에 뛰어들었다. 2019년 발발해 급속도로 확산된 코로나19 사태로 많은 회사들이 고삐를 늦춘 것도 사실이다. 엔지니어들이 모여서 개발 작업을 하기 어려워진 데다, 자동차 시장 위축으로 많은 기업들이 R&D에 대규모 투자를 지속하기 어려워졌기 때문이다.

하지만 코로나19가 자율주행 기술이 빠르게 발전하는 기폭제가 될 것이라고 보는 전문가들도 많다. 소프트웨어업체 앤시스(Ansys)의 퍼스 배너지 최고기술책임자(CTO)는 "예전에는 자율주행차의 안전성에 대한 불신도 많았으나 코로나19 시대를 맞아 편의성이 더 크게 부각되고 있다"고 진단했다. 네오릭스의 무인 밴은 코로나19가 발발한 우한 지역에서 생필품 배송뿐 아니라 도시 방역, 병원 내 의료용품 이송에도 활용됐다. 이 회사를 창업한 위언위안 CEO는 "코로나 팬데믹을 계기로 자율주행차가 사람이 하기엔 위험한 많은 일들을 할 수 있다는 인식이 확산되고 있다"고 말했다. 그는 올해 1,000대 이상의 주문을 받을 것으로 전망했다.

| 각국 정부의 적극적 규제 완화 |

자율주행차·무인차는 기존 이동수단에 비해 사회적 거리두기에 용이하다. 하지만 전염병이 창궐할 때에는 위생이 문제로 지적될 수 있다. 자율주행차라 하더라도 차 안에 바이러스가 남아 있을 가능성이 있지 않겠느냐는 얘기다.

이에 대해 자율주행 기술 개발업체 택타일모빌리티(Tactile Mobility)의 아미트 니센바움 CEO는 "자율주행차 개발업체들은 이미 차량에 탑승자의 건강 상태를 파악하는 장치나 자동 방역 시스템 등을 설치하는 기술까지 서둘러 도입하고 있다"고 전했다.

자율주행차 기술은 인간 운전자를 도와 사고 위험을 줄이는 기술에서 출발해 무인차로 발전해왔다. 코로나19 시대는 특히 생필품·의약품 배송, 교통약자 수송 등 무인차 수요가 빠르게 확산할 전망이다. 마윈 알리바바 창업자는 "무인 배송차에서 축적한 데이터를 기반으로 승용차의 자율주행 기술도 더욱 발전하는 상승 작용이 나타날 것"이라고 내다봤다.

자율주행차 시대를 여는 각국 정부의 역할도 주목받고 있다. 메이오클리닉의 자율주행셔틀은 잭슨빌시정부가 2017년부터 도심 자율주행 테스트를 허가했고, 이 덕분에 방대한 데이터를 축적할 수 있었기 때문에 신속하게 도입할 수 있었다는 평가다. 중국 지방 정부들은 네오릭스와 같은 자율주행차 구입에 차 값의 60%에 달하는 보조금을 지급하고 있다.

미국에는 2020년 현재 60여 개 기업이 보조운전자가 있는 자율주행차 면허를 보유하고 있다. 미 도로교통안전국(NHTSA)은 2020년 2월 스타트업 뉴로(Nuro)가 개발한 무인 배달차 R2에 도로주행 시험면허를 발급했다. 무인차로는 웨이모에 이어 미국 두 번째, 무인 배달차로는 첫 허가다. 뉴로는 R2를 배달 전용으로 개발했다. 최고 시속은 25마일(약 40km)이다.

| 똘똘한 스타트업으로 향하는 대규모 투자 |

뉴로는 2019년 손정의 회장이 이끄는 소프트뱅크 비전펀드로부터 9억 4,000만 달러의 투자를 유치하며 세간의 이목을 집중시켰다. 소프트뱅크는 우버, 맵박스(Mapbox)는 물론이고 주차 플랫폼 파크자키(ParkJockey) 등 모빌리티 기업에 지속적으로 투자해왔다. 2019년에는 GM의 자율주행기술개발 자회사인 크루즈오토에 22억 달러를 넣기도 했다.

소프트뱅크와 뉴로 사례처럼 될성부른 떡잎에 대한 대기업의 투자가 계속 나타나고 있다. 미국 최대 온라인 유통업체인 아마존은 2019년 2월 자율주행 기술업체 오로라에 투자했다. 두 회사는 아마존이 넣은 액수를 정확히 밝히진 않았다. 아마존을 포함한 벤처 캐피털 등이 넣은 총액은 5억 3,000만 달러다.

아마존은 배송망 자동화와 효율화를 위해 투자처를 확대하는 중이다. 사내에 무인차 기술개발팀도 두고 있다. 2018년에는 아마존이 무인트럭 개발 스타트업 임바크(Embark)와 함께 고속도로 시범주행을 하는 모습이 포착되기도 했다. 오로라 창업자들은 구글, 테슬라, 우버 등에서 자율주행 기술을 연구하던 인력들이다. 이 회사는 폭스바겐, 현대자동차 등과도 협력 관계를 유지하고 있다.

도요타(Toyota)가 2020년 2월 4억 달러를 투자한 미국 자율주행 업체 포니.ai(Pony.ai)는 3월부터 캘리포니아주 어바인시에서 배송 서비스를 시작했다. 미국인 10명 중 9명이 자택 대피 상태여서 온라인 주문이 폭증하고 있다는 점을 겨냥한 것이다. 포니.ai는 지역 전자상거래 업체 야미바이(Yamibuy)와 손잡고 음식과 식재료를 배달하고 있다. 이 회사는 현대자동차의 코나 전기차 10대를 개조해 배송차량으로 활용한다.

야미바이가 온라인에서 받은 주문을 포니.ai에 전달하면 포니.ai는 고객 집 앞까지 무인 배송을 실시한다. 제임스 펑 포니.ai CEO는 "코로나19 시대에 고객들에게 필요한 서비스를 제공하기 위해 현재 보유하고 있는 자율주행택시를 배송용으로 전환했다"고 말했다.

도요타는 포니.ai에 투자할 당시 이 회사의 가치를 30억 달러로 평가했다. 포니.ai는 중국 베이징과 광저우성 난샤에서도 자율주행택시 서비스를 하고 있다.

| 전기차도 함께 뜬다 |

자율주행 기술을 개발하는 회사들 가운데 일반 투자자들이 쉽게 접근할 수 있는 회사는 대부분 증시에 상장돼 있는 완성차 업체들이다. 그런데 완성차 업체들은 2020년 판매실적 감소로 실적이 악화될 가능성이 높다. 투자자 입장에서 완성차 업체에 대한 투자 결정은 쉽지 않다.

최근 주목받고 있는 완성차 업체로는 테슬라를 꼽을 수 있다. 테슬라는 전기차 전문회사이기도 하지만, 자율주행 기술에 있어서도 가장 앞선 기업 중 하나로 평가받고 있다. 미국 뉴욕증시에 상장돼 있지만 한국 투자자가 2020년 1분기에 가장 많이 산 해외 주식(14억 7,000만 달러어치)이기도 하다.

테슬라는 전기차 시대가 본격적으로 열리고 있다는 기대에 2020년 2월 19일 917.42달러의 역대 최고가를 찍었다. 그러나 이후 코로나19 확산과 유가 하락 등으로 글로벌 증시가 동반 하락하면서 3월 18일에는 361.22달러까지 떨어졌다. 하지만 이후 반등하기 시작해 4월에는 700달러선을 회복했다. 테슬라의 시가총액은 4월 15일 기준 1,300억 달러로 글로벌 완성차 업체 가운데 도요타(1,732억 달러)에 이어 2위다.

테슬라 주가 상승 배경으로는 국제유가가 급락하고 있는 상황에서도 테슬라의 총유지비(차량 가격과 연료비 등 합계)가 엔진 차량보다 경쟁력이 높다는 점, 다수 완성차 업체들이 전기차 시대를 맞아 주력 차종 변경을 고민하는 시기에 테슬라는 '고민할 필요가 없다'는 점 등을 들 수 있다.

국제유가 하락은 일반적으로 전기차보다 휘발유와 경유를 쓰는 내연기관차에 유리한 요소로 간주돼왔다. 전기차는 배터리 가격 때문에 구입 비용이 비싼 대신 유지비는 적게 들기 때문이다. 하지만 기술 발전으로 배터리 가격이 내려가면서 총유지비 측면에서도 전기차가 경쟁력을 확보하고 있다.

더구나 자율주행차는 상당수가 전기차를 기반으로 하는 경우가 많다. 자율주행 시스템을 운영할 때 전기를 많이 쓰기 때문에 대용량 배터리가 필요하다. 또 자율주행차가 발전하면 스스로 충전 공간을 찾아가는 것까지 가능해지기 때문에 충전에 대한 불편도 줄어들게 된다.

테슬라: 주요 재무 정보

	2018년	2019년	2020년(E)	2021년(E)	2022년(E)
매출(백만 달러)	21,461	24,578	28,358	38,512	48,933
영업이익(백만 달러)	-388	-69	1,024	2,992	4,321
영업이익률(%)	-1.8	-0.3	3.6	7.8	8.8
순이익(백만 달러)	-976	-862	496	2,071	3,408
EPS(달러)	-5.7	-4.9	3.0	11.1	17.2
PER(배)	N/A	N/A	255.5	68.1	44.0
EV/EBITDA(배)	67.9	84.8	42.9	23.8	18.0
PBR(배)	11.7	11.4	13.9	11.2	8.5
ROE(%)	-21.3	-14.9	6.4	20.6	21.6

※ 주가는 2020년 4월 17일 종가 기준, (E)는 예상치
자료: 레피니티브, 에프앤가이드

| 자율주행기술 기업들에 주목하라 |

완성차 업체 외에 자율주행 기술로 주목받는 주식으로는 구글의 모회사인 알파벳, 중국의 인터넷서비스 업체 바이두(Baidu), 반도체업체 인텔, 무인차기술개발 업체 앱티브(Aptiv) 등을 들 수 있다.
　알파벳의 자회사인 웨이모는 미 도로교통안전국의 기준인 자율

주행 기술 5단계 가운데 무인차를 뜻하는 5단계 기술을 확보하고 있다. 내비건트리서치(Navigant Research)는 현재 세계에서 완성도가 가장 높다고 평가했다.

웨이모는 알파벳(시가총액 9,000억 달러)의 일부에 지나지 않는다는 시각도 있다. 그러나 최근 웨이모가 유치한 투자들에서 투자자들은 이 회사의 가치를 300억 달러 이상으로 평가했다. 웨이모의 자율주행차는 전 세계 25개 도시에서 4,000만km에 달하는 주행실적을 쌓았다.

중국의 바이두는 2019년 여름 자사가 보유한 300대의 자율주행차가 13개 도시에서 200만km의 주행실적을 확보했다고 발표했다. 이어 가을부터는 4단계(돌발 상황에서도 자동차가 스스로 제어 가능한 수준) 자율주행차 선단 45대를 가동하고 있다.

바이두는 중국 기업인 만큼 성장성이 큰 중국 시장에서 유리한 고지를 점하고 있다는 평가다. 컨설팅회사 맥킨지는 중국 자율주행차 시장이 2030년 5,000억 달러 규모로 커질 것으로 보고 있다.

인텔의 자회사 모빌아이(Mobileye)는 2019년 1,740만 대의 자율주행용 카메라, 반도체와 소프트웨어 시스템을 판매했다. 2020년 1월 미국 CES에선 특별한 센서 없이 12개의 카메라로만 도심 자율주행을 해내는 모습도 보여줬다. 인텔과 모빌아이는 2018년부터 모빌아이의 고향인 이스라엘에서 무인택시를 개발 중이며, 2020년 서비스를 시작할 계획이다.

앱티브와 자율주행 기술 개발 파트너인 리프트는 라스베이거스에서 2018년부터 무인차 서비스를 하고 있다. 리프트는 우버와 비슷한 승차공유 업체로 미국과 캐나다에서 주로 영업하고 있다. 앱티브는 무인차 서비스 10만 건 가운데 98%가 별 5개 만점에 5개를 받았다고 발표했다. 앱티브는 현대자동차그룹과 함께 무인택시, 무인트럭 등에 적용할 4~5단계 자율주행 기술을 개발하고 있다.

06

'방콕 시대'에 주목받는
게임·엔터테인먼트 기업

코로나19가 몰고 온 삶의 변화 중 하나가 '방콕'이다. 사회적 거리두기로 집에서 많은 것을 해결해야 하는 시대다. 집에서 영화도 보고 게임도 한다. 투자자라면 관련 기업을 눈여겨보는 것은 당연한 일이다.

| OTT의 대표주자 넷플릭스 |

코로나19의 반사이익을 톡톡히 누리고 있는 기업은 온라인동영상 서비스(OTT)의 선두주자 넷플릭스다. 2020년 1분기 신규 가입자 수가 자체 전망치의 두 배를 넘어섰다. 2020년 1~3월 세계적으로 1,580만 명이 넷플릭스에 새로 가입했다. 넷플릭스 총가입자 수는 1억 8,290만 명으로 늘었다. 중국, 북한, 시리아, 크림반도를 제외한 190여 개의 국가에서 넷플릭스를 이용할 수 있다. 애초 넷플릭스는 2020년 1분기 신규 가입자 수를 700만 명 정도로 예상했다. 코로나19 여파로 외출을 줄이고 집에서 넷플릭스를 찾는 사람이 늘어난 영향이다.

1997년에 설립된 넷플릭스의 첫 사업 모델은 지금과 달랐다. 비디오와 DVD 대여 사업으로 시작했다. 현재 주력 사업인 OTT 서비스 시장에는 2007년에 진출했다. 당시 컴퓨터로 1,000개의 영화를 즉시 볼 수 있었다. 넷플릭스의 주요 성공 비결은 편리함이다. 비디오, DVD 등 별도의 콘텐츠 저장소 없이 인터넷이 되는 곳이면 어느 곳에서 즐길 수 있다. IT 기술 발달의 덕을 봤다. 클라우드 기술이 발전하고, 통신 속도가 빨라지면서 넷플릭스의 서비스가 가능해졌다.

독점 콘텐츠는 넷플릭스의 주요 성공 요인으로 꼽힌다. 2013년 자체 제작한 첫 독점 콘텐츠인 〈하우스 오브 카드〉 시리즈가 세계적으로 대박을 터뜨렸다. 매주 한 회씩 공개되는 기존의 TV 드라마와 달리 한 시즌의 모든 회차를 한 번에 공개한 것도 시청자를 끌어들였다. 소비자가 편한 시간에 드라마를 몰아보는 트렌드를 반영했다. 〈나르코스〉, 〈종이의 집〉, 〈기묘한 이야기〉 등 잇따라 내놓은 독점 콘텐츠들도 인기를 끌었다. 독점 콘텐츠를 확보하기 위해 세계 각국에 투자도 확대하고 있다. 한국에서 제작해 2019년 첫 선을 보여 세계적으로 주목을 받은 〈킹덤〉이 대표적이다.

코로나19 확산을 계기로 확보한 신규 이용자들은 향후 넷플릭스의 주요 자산이 될 전망이다. 넷플릭스는 월정액제 방식을 택하고 있기 때문에 한번 확보한 이용자에서 발생하는 매출이 꾸준히 이어지기 쉽다. 다른 업체와 경쟁은 치열해지고 있다. 디즈니, 애플 등도 막강한 자본과 콘텐츠를 투입하며 OTT 시장에 뛰어들었다.

다만 대규모의 데이터가 전송되기 때문에 인터넷망 사용료와 관련된 논란은 있다. 2020년 4월에는 넷플릭스가 SK브로드밴드를 상대로 서울중앙지방법원에 채무부존재 확인 소송을 제기했다. 국내 네트워크 트래픽(망 사용량)과 관련해 넷플릭스가 SK브로드밴드에 망 운용, 증설, 이용 등에 대한 대가를 지급할 의무가 없다는 것이 골자다. 앞서 SK브로드밴드는 넷플릭스의 한국 트래픽이 급증하자 넷플릭스에 망 사용료를 요구했다.

넷플릭스: 주요 재무 정보

	2018년	2019년	2020년(E)	2021년(E)	2022년(E)
매출(백만 달러)	15,794	20,156	24,357	28,791	33,602
영업이익(백만 달러)	1,605	2,604	3,954	5,418	7,212
영업이익률(%)	10.2	12.9	16.2	18.8	21.5
순이익(백만 달러)	1,211	1,867	2,718	3,823	5,328
EPS(달러)	2.7	4.1	6.0	8.4	11.7
PER(배)	99.7	78.3	70.3	50.6	36.2
EV/EBITDA(배)	13.7	13.1	43.9	32.7	25.3
PBR(배)	22.3	18.7	17.7	13.2	9.2
ROE(%)	27.5	29.1	31.5	29.7	31.1

※ 주가는 2020년 4월 17일 종가 기준, (E)는 예상치
자료: 레피니티브, 에프앤가이드

| 세계 최대 콘텐츠 왕국 월트디즈니 |

월트디즈니(Walt Disney)는 미국 문화의 아이콘이다. 세계 최대 콘텐츠·미디어 기업이기도 하다. 〈미키마우스〉, 〈인어공주〉, 〈라이온킹〉, 〈겨울왕국〉 등의 애니메이션부터 〈아이언맨〉, 〈헐크〉, 〈스타워즈〉 등 영화의 인기 IP(intellectual property, 지식재산권)까지 독점하고 있는 기업이다. 창업자인 월트 디즈니가 형 로이 디즈니와 1923년 애니메이션회사 '디즈니브라더스스튜디오'를 설립하면서 첫발을 내디뎠을 때는 디즈니가 글로벌 엔터테인먼트 산업을 주도하리라고 상상하지는 못했을 것이다.

애니메이션 제작사였던 디즈니가 미디어기업으로 도약한 것은 1995년 미국 방송사 ABC를 인수하면서다. 이듬해에는 스포츠 전문 케이블 ESPN까지 사들였다. 2018년에는 21세기폭스(21st Century Fox)의 영화·TV 사업 부문 등을 713억 달러에 인수하는 작업까지 마무리했다. 명실공히 '미디어 왕국'이 됐다.

디즈니 성장의 핵심 요인으로 강력한 대중문화 IP를 꼽기도 한다. 2006년 픽사(Pixar)를 시작으로 2009년 마블스튜디오(Mavel Studio), 2012년 루카스필름(Lucasfilm) 등 미국을 상징하는 대중문화 아이콘들을 연이어 사들였다. 21세기폭스의 영화 부문 자회사 20세기폭스(20th Century Fox) 인수로 인기 IP는 더욱 늘어났다. 20세기폭스는 〈타이타닉〉, 〈아바타〉 등을 제작한 할리우드 6대 영화 스튜디오 중 하나다. 〈엑스맨〉, 〈울버린〉, 〈판타스틱 4〉, 〈데드

풀〉 등 폭스가 소유했던 마블 슈퍼히어로의 영화 판권도 디즈니가 가져갔다. 〈아바타〉의 후속 4개 작품들도 디즈니에서 선보인다.

코로나19 시대에 디즈니가 더욱 주목을 받는 것은 디즈니의 OTT인 디즈니플러스 때문이다. 넷플릭스의 급격한 성장세를 목격한 디즈니는 2019년 11월에 관련 서비스를 내놨다. 〈뉴욕타임스〉는 "디즈니플러스의 데뷔는 '토르의 마법망치'를 내려친 것과 같다. 모든 것을 바꾸는 지각변동"이라고 예상하기도 했다.

월트디즈니: 주요 재무 정보

	2018년	2019년	2020년(E)	2021년(E)	2022년(E)
매출(백만 달러)	59,434	69,570	72,810	81,885	89,139
영업이익(백만 달러)	14,845	14,459	10,744	14,508	16,055
영업이익률(%)	25.0	20.8	14.8	17.7	18.0
순이익(백만 달러)	12,598	11,054	5,104	8,712	11,341
EPS(달러)	8.4	6.6	3.3	4.8	5.9
PER(배)	14.0	19.6	32.3	22.1	17.9
EV/EBITDA(배)	9.8	15.5	21.1	14.7	12.3
PBR(배)	3.6	2.6	2.2	2.1	1.9
ROE(%)	28.0	16.1	4.9	9.3	11.7

※ 주가는 2020년 4월 17일 종가 기준, (E)는 예상치
자료: 레피니티브, 에프앤가이드

디즈니플러스의 강점은 콘텐츠다. 디즈니, 마블, 픽사, 내셔널지오그래픽(National Geographic) 등 자사의 인기 콘텐츠를 한 달에 6.99달러면 무제한으로 볼 수 있다. 2019년 기준 미국 역대 흥

행 상위 영화 100편 중 47편이 디즈니와 디즈니가 인수한 폭스가 소유하고 있다. 콘텐츠만 보면 경쟁업체를 압도한다. 디즈니플러스는 출시 첫날 1,000만 명의 가입자를 유치했다. 출시 석 달 만인 2020년 1월에는 유료 가입자가 2,860만 명까지 늘었다. 코로나19 확산으로 언택트 방식이 퍼지면서 집에서 디즈니플러스를 즐길 소비자는 더욱 늘어날 전망이다.

| 재도약 시도하는 넥슨 |

코로나19 여파로 사람들이 외출을 꺼리면서 게임 이용이 늘고 있다. 국내 1위 게임업체 넥슨의 게임을 찾는 소비자들도 늘었다. 넥슨의 '메이플스토리', '서든어택', '던전앤파이터' 등은 출시된 지 10년이 넘은 게임들이지만 아직도 찾는 게이머들이 많다.

넥슨은 성장의 탄력성이 상대적으로 높다는 게임업계에서도 초고속 성장을 이룬 대표적인 기업이다. 매출은 1999년 100억 원에서 2019년 2조 6,840억 원으로 20년 만에 268배 이상 급증했다. 수익 모델 고도화, 공격적인 인수·합병(M&A) 등이 성장 요인으로 꼽힌다. 넥슨은 이제 글로벌 애플리케이션 생태계의 주요 수익 모델로 자리를 잡은 '부분 유료화'의 시초기업으로 불린다. 특정 기간 중 정해진 요금을 지급하고 이용하는 정액제 모델이 주를 이뤘던 게임업계에서 넥슨은 2001년 퀴즈 게임 '퀴즈퀴즈'에 부분 유료화를 도입했다. 게임 캐릭터를 꾸밀 수 있는 아이템을 판매했다.

넥슨의 캐시카우(cash cow) 게임들은 대부분 M&A로 확보했다. 2000년대 중반부터 유망 게임업체를 잇따라 인수했다. '메이플스토리'를 개발한 위젯, '던전앤파이터'의 네오플, '서든어택'을 만든 게임하이 등이 대표적인 인수 게임사들이다. 넥슨은 '잘되는' 게임을 보유하는 것에 그치지 않았다. 가능성을 극대화하고 새로운 게임으로 거듭나도록 했다. 매년 중국에서 1조 원 이상의 영업이익을 넥슨에 가져다주는 '던전앤파이터'는 넥슨이 인수하기 전에는 국내용 게임에 불과했다.

2011년에는 일본 증시에 상장했다. 게임업에 대한 평가가 상대적으로 좋은 일본을 택했다. 성장세를 계속 이어갔다. 하지만 '대박' 신규 게임을 내놓지 못하고 있다. 2020년 기준 주력 게임인 '던전앤파이터', '메이플스토리', '서든어택' 등은 모두 나온 지 10년이 넘었다. 2018년에는 '던전앤파이터' 실적을 빼면 적자를 기록할 정도였다. 2019년 초에는 넥슨 창업자인 김정주 NXC(넥슨 지주회사) 대표가 넥슨을 매물로 내놓으면서 진통을 겪기도 했다. 결국 그해 6월에 마땅한 인수자를 찾지 못해 무산됐다.

넥슨은 2019년 하반기에 재도약에 나섰다. '던전앤파이터'를 만든 네오플의 창업자인 허민 원더홀딩스 대표를 고문으로 영입해 신규 게임 개발 업무를 맡겼다. 8년 동안 600억 원 이상의 개발비를 투입한 게임 '페리아연대기' 등 시장성이 없다고 판단한 개발 게임들은 과감하게 정리했다. 매각 무산 이후 넥슨이 체질 개선에 성공했는지 여부는 2020년 이후 성과에 달려 있다. 2020년 상반기 중국에서 출시할 '던전앤파이터 모바일'이 첫 번째 가늠자가 될 예정이다. 중국에서 지금도 큰 인기를 끌고 있는 게임 IP라 게임업계에서는 대부분 성공을 예상한다. 코로나19 확산으로 중국에서 게임 이용자가 급증한 것도 흥행 가능성을 높였다는 평가다.

넥슨: 주요 재무 정보

	2018년	2019년	2020년(E)	2021년(E)	2022년(E)
매출(백만 엔)	253,721	248,542	268,811	289,946	295,833
영업이익(백만 엔)	98,360	94,525	106,376	118,171	121,262
영업이익률(%)	38.8	38.0	39.6	40.8	41.0
순이익(백만 엔)	107,672	115,664	95,039	102,216	101,781
EPS(엔)	119.7	128.0	109.1	117.1	116.3
PER(배)	11.8	11.3	16.5	15.4	15.5
EV/EBITDA(배)	8.2	7.8	8.2	7.6	7.3
PBR(배)	2.3	2.1	2.2	2.0	1.8
ROE(%)	21.1	19.7	14.1	13.4	11.7

※ 주가는 2020년 4월 17일 종가 기준, (E)는 예상치
자료: 레피니티브, 에프앤가이드

| 엔씨소프트, '리니지 신화' 이어갈까? |

1997년 설립된 엔씨소프트는 다중접속역할수행게임(MMORPG) 이라는 게임 장르에서 우뚝 솟은 세계적 게임사다. 설립 이후 자체 게임 개발 역량만으로 회사를 키운 것도 특징이다. 1998년에 출시

한 '리니지'를 시작으로 '리니지 2', '아이온', '블레이드앤소울' 등 모두 큰 인기를 끌었다. 그래도 엔씨소프트를 대표하는 게임은 역시 리니지다. 한국의 대표적인 게임 IP이기도 하다.

8조 원. '리니지'라는 IP가 2019년 상반기까지 21년 동안 거둔 매출 규모다. 리니지는 유럽 중세를 배경으로 괴물을 죽이는 등 동료들과 같이 각종 모험을 하는 게임이다. 이 게임은 서비스 시작 15개월 만에 국내 처음으로 이용자 100만 명을 넘겼다. 2008년에는 단일 게임 최초로 누적 매출 1조 원을 달성하더니 2013년 2조 원, 2016년 3조 원을 돌파했다. 2003년 나온 후속작 '리니지 2'도 큰 성공을 거뒀다. 국내 최초의 3D MMORPG다. 리니지 2는 2010년 누적 매출 1조 원을 넘겼다.

엔씨소프트는 PC에 이어 모바일 게임 시장에서도 리니지로 흥행가도를 달렸다. 리니지 IP를 활용한 첫 모바일 게임 '리니지 레드나이츠'를 2016년 내내 매출 1위에 올랐다. 이듬해 출시한 '리니지 M'은 대박을 터뜨렸다. 원작인 PC 리니지 게임을 모바일 플랫폼으로 옮긴 게임이다. 출시 이후 2년 6개월 동안 매출(안드로이드 스마트폰 기준) 1위를 유지했다. 2년간 누적 매출이 2조 원을 넘어섰다. 2019년 11월에 나온 '리니지 2M'도 큰 인기를 끌었다. '리니지 M'을 추월해 국내 매출 1위에 올랐다.

다른 게임업체도 리니지 IP를 재해석한 게임을 잇달아 내놨다. 넷마블은 '리니지 2'를 활용한 모바일 게임 '리니지 2: 레볼루션'을 2016년 출시했다. 출시 1개월 만에 누적 매출 2,060억 원을 달성해 당시 게임업계 최고 성과를 기록했다. 중국 스네일게임즈도 리니지 2의 IP를 이용한 모바일 게임 '리니지 2: 혈맹'을 2016년 내놨다.

그렇다고 엔씨소프트가 고민이 없는 것은 아니다. 2019년 기준 엔씨소프트는 전체 매출의 70% 이상이 국내에서 발생한다. 경쟁업체인 넥슨과 넷마블에 비하면 국내 비중이 상당히 높다. 2019년 5월 '리니지 M'을 일본에 내놨지만 국내에서처럼 인기를 끌지 못했다. 엔씨소프트는 '리니지 2M'도 해외 시장에 내놓을 계획이다.

엔씨소프트: 주요 재무 정보

	2018년	2019년	2020년(E)	2021년(E)	2022년(E)
매출(억 원)	17,151	17,012	26,973	31,089	33,123
영업이익(억 원)	6,149	4,790	10,621	12,838	26,895
영업이익률(%)	35.9	28.2	39.4	41.3	81.2
순이익(억 원)	4,215	3,592	8,163	9,901	10,729
EPS(원)	19,061	16,320	37,405	45,049	48,863
PER(배)	24.5	33.2	17.4	14.4	13.3
EV/EBITDA(배)	14.0	19.7	11.2	8.8	4.0
PBR(배)	3.7	4.1	3.9	3.2	2.7
ROE(%)	16.4	14.7	28.9	27.5	24.2

※ 주가는 2020년 4월 17일 종가 기준, (E)는 예상치
자료: 레피니티브, 에프앤가이드

07
스포트라이트 받는
온라인 유통업체

미국에선 '아마존드'(Amazoned)란 단어가 한때 유행처럼 쓰였다. 아마존이 특정 산업에 진출하면 기업들이 줄줄이 망한다는 의미다. 실제로 그랬다. 아마존이 온라인에서 장난감을 팔자 세계 최대 완구업체 토이저러스(Toys R Us)가 파산했다. 유기농 슈퍼마켓 홀푸드(Whole Foods)를 인수한 뒤에는 식품체인 업계가 초토화됐다. 기업들에 있어서 아마존은 무시무시한 존재였다.

그만큼 견제도 많이 받았다. 트럼프 대통령은 아마존을 원색적으로 비난했다. "택배 서비스 이용료를 낮춰 불공정 경쟁을 한다"거나, "세금을 잘 내지 않는다" 등의 발언을 이어갔다. 정부 공공 입찰에선 아마존을 제외시키기도 했다. 소비자들은 아마존 불매운동을 했다. '지갑을 닫아라'(Grab your wallet)란 이름의 캠페인이었다. 유럽에선 아마존이 자국의 유통 산업 질서를 파괴한다며 진출을 막는 일도 있었다. 아마존은 '공공의 적'이었다. 편리해서 많은 사람이 쓰긴 했지만 사랑받는 기업은 아니었다.

코로나19 확산 이후 상황이 반전했다. 모두가 아마존을 찾기 시작했다. 소비자들은 아마존에 의존했다. 마트, 슈퍼에 가는 것이 두려워진 사람들은 아마존에서 주문했다. 트럼프 행정부도 아마존을 찾았다. 아마존 배송망을 통해 의료기기 유통을 요청했다. 아마존은 빌앤드멜린다게이츠재단(Bill & Melinda Gates Foundation)과 협력해 미국 시애틀에서 가정용 진단키트 배송과 픽업 서비스도 제공했다. 사람들은 아마존이 세상에 꼭 필요한 기업이란 것을 자각했다. '쇼핑하다'는 단어는 앞으로 '아마존하다'로 바뀔지 모른다. '검색하다'가 '구글하다'가 된 것처럼. 코로나19 시대, 투자자들이 아마존을 주시해야 하는 이유다.

| 온라인 · 오프라인 유통을 아우르는 아마존 |

아마존은 세계 최대 e커머스 기업이다. 미국 나스닥에서 시가총액 1위를 다툰다. 미국 내 온라인 쇼핑 시장 점유율만 40%에 육박한다. 미국 전체 유통 산업을 통틀어 차지하는 비중은 6%에 달한다. 하지만 e커머스란 한 단어만으로 아마존을 설명하긴 부족하다.

매출 구조상 단연 유통(리테일) 사업이 크긴 하다. 2019년 매출의 약 82%가 리테일에서 나왔다. 리테일은 크게 온라인과 오프라인, 제3자 셀러, 구독 등으로 나뉜다. 아마존은 물건을 사서 자기들

창고에 넣어뒀다가 온라인으로 판매하는 것이 기본 사업이다. 흔히 말하는 온라인 쇼핑이다. 그 비중이 매출의 50%에 달했다. 제3자 셀러(판매자)도 있다. 전체 매출의 약 19%가 여기서 나왔다. 제3자 셀러는 한국의 11번가, G마켓 같은 것이다. 판매자와 구매자를 연결해주고 중간에서 수수료만 받는 것이 사업 모델이다. 국내에선 '오픈 마켓', 해외에선 '마켓 플레이스' 사업이라고도 한다.

구독 서비스도 있다. 아마존은 1994년 인터넷 서점으로 출발했다. 전자책 유료 멤버십을 했다. 이것을 확대해 음악, 영화 등의 콘텐츠와 묶어서 팔았다. 지금은 온라인 쇼핑 무료배송 등과도 엮었다. 아마존 프라임이란 이름으로 팔린다. 1년 가입비는 119달러다. 이 유료 멤버십 가입자가 미국에서만 1억 5,000만 명이 넘는다.

오프라인 유통은 또 다른 축이다. 이 분야 대부분 매출은 2017년 인수한 유기농 슈퍼마켓 홀푸드에서 나온다. 여기에 무인 편의점 아마존고(Amazon Go)도 있다. 아마존은 온라인·오프라인 유통을 모두 아우르고 있다.

아마존을 유통사로만 말하기 어려운 이유는 클라우드 컴퓨팅 때문이다. 아마존 전체 매출의 약 12%를 차지한다. 클라우드 컴퓨팅은 기업들이 개별적으로 운영했던 서버와 전산실 등을 아마존이 대신 해주는 것이다. 데이터의 저장과 콘텐츠 전송, 백업과 복원 등이 여기에 해당한다.

아마존이 클라우드 컴퓨팅 사업을 하게 된 계기가 있다. 미국의 연중 최대 쇼핑 축제 '블랙 프라이데이'를 앞두고 2000년대 중반 아마존은 서버를 대대적으로 증설했다. 갑자기 사람들이 몰려 서버가 다운되는 일이 반복됐기 때문이다. 문제는 블랙 프라이데이 이후였다. 썰물처럼 사람들이 빠져나간 뒤 서버 상당수를 놀려야 했다. 그대로 두기는 아까웠다. 돈을 받고 기업들에 노는 서버를 빌려줬다. 이것이 지금의 AWS가 됐다. 현재 AWS는 아마존의 캐시 카우다. 아마존 전체가 벌어들인 영업이익의 63%가 AWS에서 나온다.

| 언택트 소비 · 디지털 시대의 승자 |

아마존은 코로나19 시대에 전 세계에서 가장 주목받는 기업이 됐다. 온라인 쇼핑 수요가 급증하고 있는 영향이다. 미국에서는 코로나19가 확산된 이후 대형마트와 백화점 등 오프라인 매장이 줄줄이 문을 닫았다. 정부가 강제로 문을 닫게 한 것도 있지만, 일부는 찾아오는 손님이 없어 자체적으로 휴점에 들어갔다. 외출 자체가 어려워졌을 뿐만 아니라, 사람들은 오프라인 매장에서 물건 사는 것을 꺼렸다. 언택트 소비는 급속히 퍼졌다.

오프라인 쇼핑 수요를 아마존이 빠르게 흡수했다. 2020년 2월 20일부터 3월 23일까지 아마존에서 화장지 판매가 전년 동기 대비 186% 뛰었다. 가정용품과 감기약 등도 10배 안팎 판매가 급증했다. 아마존은 이 수요에 대응하기 위해 2020년 3~4월 무려 17

만 5,000명을 신규 채용했다. 구글에서 '아마존'이란 키워드 검색은 연말 쇼핑 시즌 수준으로 올라갔다.

전문가들은 아마존의 성장 가능성에 아무런 의문을 제기하지 않는다. 급하게 인력을 뽑고 투자를 하느라 당장은 수익성이 떨어질 수 있지만 '코로나19 시대의 최대 승자는 아마존'이라는 점에 의견이 일치한다. 미국은 온라인 쇼핑 비중이 10%대 초반에 불과하다. 아직도 90% 가까운 시장을 확장할 여지가 있다.

아마존: 주요 재무 정보

	2018년	2019년	2020년(E)	2021년(E)	2022년(E)
매출(백만 달러)	232,887	280,522	334,991	392,495	452,539
영업이익(백만 달러)	12,421	14,541	18,129	25,513	34,674
영업이익률(%)	5.3	5.2	5.4	6.5	7.7
순이익(백만 달러)	10,073	11,588	14,238	20,472	27,929
EPS(달러)	88.7	124.6	172.8	230.2	370.6
PER(배)	74.6	80.4	84.0	59.5	44.2
EV/EBITDA(배)	26.0	24.9	24.0	19.3	16.0
PBR(배)	16.9	14.8	13.7	10.3	6.4
ROE(%)	28.3	22.0	22.7	24.6	21.9

※ 주가는 2020년 4월 17일 종가 기준, (E)는 예상치
자료: 레피니티브, 에프앤가이드

코로나19 발생 이후 유료 멤버십 아마존 프라임 회원이 급격히 증가하는 것도 긍정적이다. 당장 수익에 큰 도움이 된다. 중장기적으론 이들이 '충성 고객'이 된다. 아마존 프라임 회원은 2019년 평

균 약 1,400달러를 지출했다. 비회원의 지출액은 600달러 수준이었다. 멤버십 회원이 두 배 이상 더 소비했다.

클라우드 사업도 코로나19 시대에 조명받고 있다. 기업들이 빠르게 '디지털 전환'에 나서고 있기 때문이다. 재택근무 확산과 비대면 소비 등의 영향이다. 아마존은 세계 최대 클라우드기업이다. 기업이 주된 고객이어서 잘 드러나진 않지만 온라인 쇼핑만큼 압도적 1위다. 코로나19 시대에 이용자가 급증한 넷플릭스의 경우 AWS의 주요 고객이다. 넷플릭스 이용자가 늘어나면 아마존 매출도 그만큼 증가한다. 한국에선 쿠팡이 아마존 클라우드를 쓴다. 쿠팡 또한 아마존처럼 코로나19 발생 이후 주문이 폭증했다.

| 의료유통 시장 넘보는 아마존 |

코로나19 시대에 아마존을 주목하는 이유는 또 있다. 신규 사업으로 진행 중인 의료 부문의 잠재력 때문이다. 아마존은 과거 의료 사업에 진출했다가 실패한 바 있다. 일반의약품을 온라인서 판매하는 업체 드럭스토어닷컴(Drugstore.com)의 지분 40%를 1999년 인수했다가 2011년 팔았다. 하지만 의료 사업에 대한 의지를 꺾지 않았다. 2017년 미국 12개 주에서 의약품 유통 라이선스를 획득하며 재도전했다. 이듬해인 2018년 JP모건, 버크셔해서웨이(Berkshire Hathaway) 등과 비영리 의료 단체 설립에도 나섰다. 같은 해 온라

인 약국 필팩(Pillpack)까지 인수했다.

전문가들은 아마존이 의약품 판매 사업 확장에 나설 것으로 본다. 필팩을 통해 처방약을 온라인으로 보내주는 것이다. 아마존이 겨냥하고 있는 것은 월그린(Walgreens), CVS헬스(CVS Health) 등이 장악한 약국 시장이다. 아마존은 의약품과 의료기기 유통도 일부 하고 있다. 코로나19가 미국 내에서 확산하자 아마존이 병원과 의료기관에 대한 의료기기 공급을 일부 도맡아 했다. 제약사로부터 약을 공급받아 전국의 오프라인 약국과 병원에 보내주는 서비스도 조만간 본격화할 예정이다.

원격진료 시장도 아마존의 타깃이다. 아마존은 2019년 10월에는 헬스내비게이터(Health Navigator)란 스타트업을 인수했다. 이 회사는 원격으로 환자의 증상을 파악해 어떤 행동을 해야 할지 판별해주는 서비스를 한다. 현재 '아마존 케어'란 이름으로 서비스되고 있다.

이를 통해 아마존이 뭘 하려는지 대략의 구상은 나온다. '원스톱 의료 서비스'다. 헬스내비게이터를 통해 원격 진료를 하고, 진료와 약의 처방이 나오면 필팩을 통해 온라인으로 배송해주며, 의료기기까지 집으로 보내준다는 것이다. 미국 내 의료 시장 규모는 2019년 기존 3조 7,000억 달러에 달했다. 온라인 쇼핑 시장 규모(5,870억 달러)의 6배가 넘는다. 아마존뿐 아니라 애플, 구글 등도 이 시장을 넘보고 있다. 아마존이 의료 시장에 눈독을 들이는 이유다.

| 중국 알리바바의 급성장 |

언택트 소비가 아마존에만 집중되는 것은 아니다. 미국에 아마존이 있다면 중국에는 알리바바가 있다. 알리바바의 사업 구조는 아마존과 유사하다. 미국 뉴욕과 홍콩 증시에 상장된 이 회사는 매출의 약 85%를 리테일로 벌어들인다. 나머지는 클라우드(매출 비중 7%), 디지털 미디어·엔터테인먼트(6%) 등의 사업에서 나온다.

온라인 쇼핑몰 타오바오가 알리바바의 핵심 채널이다. 아마존과 비슷한 형태였던 타오바오는 2016년을 기점으로 변신을 시도하기 시작했다. 영상으로 상품을 소개하는 '미디어 커머스'가 되고 있다. 기존처럼 사진과 글로 상품을 보여줬던 것에서 벗어나, 판매자들이 TV 홈쇼핑 같은 방송을 한다. 생방송과 5분 안팎의 짧은 영상이 대부분이다. 미디어 커머스는 폭발적 성장세를 보이고 있다. 타오바오에서 2017년 4월 380만 뷰에 불과했던 미디어 커머스는 같은 해 12월 18억 뷰로 폭증했다.

알라바바 성장을 담당하는 또 한 축은 '신유통' 부문이다. 알리바바는 2016년 초부터 허마셴성이란 이름의 오프라인 매장을 선보였다. 언뜻 보면 일반 슈퍼마켓과 큰 차이가 없다. 하지만 운영 방식은 완전히 다르다. IT의 집합체다. 소비자가 스마트폰을 가격표에 스캔하면 제품의 원산지, 검사 결과 등 구체적 상품 정보가 죽 표시된다. QR코드를 스캔하면 자동으로 계산된다. 계산한 상품은 매장 천장에 달린 컨베이어 벨트에 실려 집으로 바로 배송된다. 허

코로나 빅뱅, 뒤바뀐 미래

마셴셩은 제품의 전시장일 뿐, 사실상 배달센터나 같다. 이런 매장이 중국에만 200개 가까이 있다. 장기적으로 2,000개 이상으로 늘린다는 계획이다.

알리바바그룹홀딩스: 주요 재무 정보

	2018년	2019년	2020년(E)	2021년(E)	2022년(E)
매출(백만 달러)	37,808	56,216	71,399	93,357	117,543
영업이익(백만 달러)	10,207	8,516	18,636	24,488	32,788
영업이익률(%)	27.0	15.1	26.1	26.2	27.9
순이익(백만 달러)	9,666	13,068	18,780	22,857	29,582
EPS(달러)	0.5	0.6	7.2	8.6	11.0
PER(배)	396.5	293.0	29.3	24.5	19.0
EV/EBITDA(배)	27.9	28.9	25.4	19.9	15.2
PBR(배)	64.3	50.8	5.4	4.5	3.7
ROE(%)	19.4	19.7	22.1	18.6	19.7

※ 주가는 2020년 4월 17일 종가 기준, (E)는 예상치
자료: 레피니티브, 에프앤가이드

한국 기업 중에선 오아시스가 크게 성장하고 있다는 평가를 듣는다. 한국에는 아마존, 알리바바 같은 압도적 1등 e커머스가 없다. 이베이코리아, 쿠팡, 11번가, 위메프 등이 치열하게 경쟁하는 중이다. 이들 상위사는 모두 비상장 기업이다. 상장을 검토 중인 곳도 있지만, 당장 투자할 수는 없다. 대안으로 오아시스에 투자하는 사람들이 있다. 오아시스는 신선식품 새벽배송을 주력 사업으로 한다. 모기업 지어소프트가 코스닥 상장사다. 오아시스는 쿠팡 등 막

대한 적자를 내고 있는 다른 e커머스와 다르게 흑자를 내고 있다는 점이 차별화 포인트다. 2019년 매출 1,423억 원, 영업이익 10억 원을 기록했다. 규모가 작고, 아직 검증이 안 됐다는 것은 리스크 요인이다.

08

원유, 금, 구리, 식량 등 원자재의 향방은?

'-37.63달러.' 2020년 4월 21일 아침, 여느 때처럼 스마트폰을 꺼낸 원유 선물 투자자들은 두 눈을 의심했다. 밤사이 미국 뉴욕상업거래소(NYMEX)에서 5월 인도분 서부텍사스원유(WTI) 가격이 배럴당 -37.63달러에 마감된 것이다. 전 거래일 종가(18.27달러)보다 무려 55.90달러나 폭락한 수치다. 장중 한때 -40.32달러까지 내려가기도 했다. 국제유가 선물 가격이 마이너스를 기록한 건 사상 처음이다. 하룻밤 사이 투자자금이 증발해버린 미증유의 사태를 겪은 투자자들은 패닉에 빠졌다. 전문가들은 "코로나19로 인한 수요 급감 및 원유 저장시설 부족 상황에서 선물 만기가 다가온 데 따른 혼란 때문"이라고 분석했다.

코로나19로 인한 충격으로 원자재 시장에서 유례를 찾기 힘든 상황이 전개되고 있다. 원유의 가격이 마이너스라는 건 돈을 받기는커녕 웃돈을 얹어줘야만 원유를 처분할 수 있다는 뜻이다. 경기 상황을 정확하게 반영해 '닥터 코퍼'(Dr. Copper)라 불리는 구리 시세도 약세를 면치 못하고 있다. '세계의 공장'인 중국 생산이 휘청거린 탓이다.

곡물 시장도 요동치고 있다. 코로나19로 인해 국가 간 이동이 제한되자 일부 국가들이 자국 식량 확보에 나섰다. 러시아와 베트남, 캄보디아 등이 자국 식량 수출 제한 조치를 내렸다. 이후 쌀값이 급등했고, 유엔 식량농업기구(FAO)는 글로벌 식량위기를 경고하고 나섰다. 2008년 금융위기를 도화선으로 촉발됐던 '식량 민족주의'가 재현될 수 있다는 우려가 나온다.

안전자산인 금만이 홀로 웃고 있다. 투자 수요가 금으로 쏠리면서 금값이 상승 행진을 하며 역대 최고가 기록을 고쳐 쓰고 있다. 현재 온스당 1,700달러 수준인 금값이 2,000달러까지 올라갈 것이라는 전망도 나왔다.

전문가들은 코로나19가 진정되어야만 원자재, 곡물 시장도 숨통을 틔울 것이라 관측한다. 생산과 소비가 회복되어야 원자재 수요도 늘어나기 때문이다. 사태가 진정되기 위해선 코로나19 치료제와 백신이 조속히 개발돼야 한다는 의견이 많았다. 그 전까진 대부분의 원자재들이 '어둠의 터널'을 지날 것으로 전망된다.

| '검은 황금' 원유의 추락 |

유가 급락의 결정적 요인은 코로나19 사태로 글로벌 원유 수요가 급감했기 때문이다. 특히 5월물 WTI는 계약만기(21일)를 하루 앞 둔 4월 20일 사상 처음으로 마이너스를 기록했다. 원유 선물이란 현재 시점에 정한 가격으로 약속한 날짜에 원유를 사고팔기로 하는 거래를 말한다. 일반적으로 만기가 다가오면 트레이더들은 현물을 받기 전에 정유사와 항공사 등 실수요자들에게 원유를 넘긴다. 이후 차월물인 6월물로 이동한다. 하지만 이번엔 상황이 달랐다. 코로나19로 인해 공장 가동이 중단됐고, 항공사는 비행기를 띄우지 못했다. 미국 내 원유 소비가 30% 급감했다. 재고는 눈덩이처럼 불어났다. 미 에너지정보청(EIA)에 따르면 4월 4~10일 한 주동안 원유 재고가 1,925만 배럴 증가했다. 주간 단위로 사상 최대치다.

원유 저장시설도 포화상태에 이르렀다. WTI 인수 장소인 미국 오클라호마주 쿠싱의 원유 저장시설(7,600만 배럴)도 최대 용량에 가까워졌다. 쿠싱은 미국의 대표적인 원유 저장시설이다. 바다 위 원유 저장 능력까지 한계에 달했다. 〈월스트리트저널〉에 따르면 석유를 채운 초대형 유조선(VLCC)의 적재량은 총 1억 4,100만 배럴(2020년 4월 17일 기준)을 기록했다. 이는 전 세계가 하루 이상 쓸 수 있을 정도로 많은 양이다. 원유 공급 과잉에 저장 공간까지 부족해지자 트레이더들은 투매에 나섰다. 웃돈을 얹어줘야만 원유를 팔 수 있는 상황이 발생한 배경이다.

6월물 WTI도 같은 달 20일 4.09달러, 21일에는 8.86달러씩 폭락해 24달러 선에서 11달러 선까지 주저앉았다. 6월물 브렌트유도 20달러 선이 무너졌다. 석유수출국기구(OPEC)를 비롯해 러시아 등 주요 산유국 23개국 모임인 OPEC+가 진통 끝에 5~6월 하루 970만 배럴씩 감산하기로 합의했다. 하지만 수요가 회복되지 않는다면 6월물 유가 역시 만기일이 가까워질수록 출렁일 수 있다. 코로나19로 인한 원유 수요 감소량은 감산량보다 3배 이상 많은 3,000만 배럴로 추정된다. 변동성이 커지자 트레이더 중 일부는 6월물을 건너뛰어 7월물로 넘어갔다.

전문가들은 단기적으로 유가가 약세를 면치 못할 것으로 전망했다. '검은 황금'이라고 불릴 정도로 높은 몸값을 자랑하던 원유의 수난사가 당분간 이어진다는 것이다. RBC캐피털마켓(RBC Capital Markets)의 헬리마 크로프트 글로벌 원자재 전략 대표는 "원유 시장을 안정시킬 요인을 찾을 수 없다"며 "단기적인 유가 전망은 매우 우려스럽다"고 말했다.

원유상품 투자에도 신중해야 한다고 전문가들은 당부했다. 특히 원유 ETN(상장지수증권)과 같은 파생상품 투자는 기대수익이 큰만큼 손실 위험도 크다. 최우진 한국개발연구원(KDI) 거시경제연구부 연구위원은 "코로나19로 인해 많은 생산시설이 가동을 멈췄고, 항공편이 취소된 상황"이라며 "이번 사태가 전 세계적으로 진정 또는 종식되기 전까지 원유 시장에 대한 전망은 밝지 않다"고

코로나 빅뱅, 뒤바뀐 미래

설명했다. 최 연구위원은 "유가가 급락한 이유 중에는 미국의 셰일 가스 업체를 고사시키기 위해 치킨게임을 벌인 영향도 있다"며 "저유가 지속으로 원가가 배럴당 35~50달러인 미국 셰일업계에 구조조정이 일어나고, 경기가 어느 정도 회복된다면 중장기적으로 유가가 다시 회복될 것"이라고 덧붙였다.

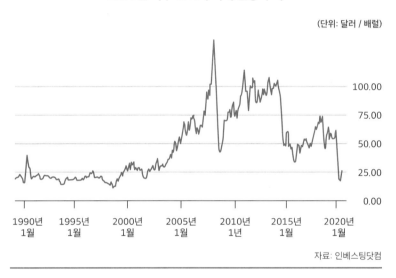

1990년 이후 WTI의 시세 변동 추이

(단위: 달러 / 배럴)

자료: 인베스팅닷컴

| 천장 뚫은 금값 |

전통적인 안전자산인 금은 코로나19로 '특수'를 맞았다. 얼어붙은 경기를 살리기 위해 미국 등 세계 각국이 또다시 공격적인 양적 완

화에 나섰기 때문이다. 이에 달러 가치가 떨어질 것이라 예상한 투자 수요가 금값을 밀어올렸다. 뉴욕상품거래소(COMEX)에 따르면 2020년 4월 9일(현지시간) 6월물 금선물 가격이 온스당 1,752.80달러에 마감했다. 유럽 재정 위기를 겪었던 2012년 11월 이후 가장 높은 수준이다. 국내 금값도 역대 최고치를 기록했다. 한국거래소에 따르면 4월 10일 KRX 금시장에서 1kg짜리 금 현물의 1g 가격은 6만 5,340원에 거래를 마쳤다. 금 현물 시장이 개설된 2014년 3월 이후 최고가다.

전문가들은 당분간 금값 상승세가 이어질 것으로 내다봤다. 코로나19 사태가 주식과 부동산 시장에 충격을 준 상황에서 시중의 풍부한 유동자금이 상대적으로 안전성 높은 금으로 흘러들어갈 가능성이 높기 때문이다. 최근에는 온스당 2,000달러까지 오를 수 있다는 전망도 나왔다. 자산운용사 스프로트(Sprott)의 피터 그로스코프 CEO는 "올해 말이나 내년 초쯤 금값이 온스당 2,000달러를 넘을 것으로 본다"며 "전반적으로 부채가 과도하지만 경제는 상환 능력을 갖추지 못했다. 이런 상황에서 금은 훌륭한 투자처"라고 설명했다.

금의 가격 변동성도 작지 않은 만큼 신중한 자세가 필요하다는 의견도 있었다. 최우진 연구위원은 "코로나19 사태가 악화됐던 3월에 금값도 온스당 1,500달러 아래로 급락했다"며 "금 역시 자산의 일종이기 때문에 현금 확보가 절실한 상황에선 금값도 출렁일 수밖에 없다"고 설명했다.

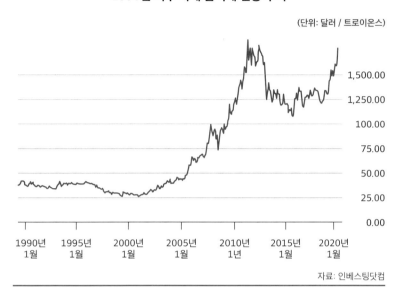

1990년 이후 국제 금시세 변동 추이

(단위: 달러 / 트로이온스)

1,500.00
1,250.00
100.00
75.00
50.00
25.00
0.00

1990년   1995년   2000년   2005년   2010년   2015년   2020년
1월   1월   1월   1월   1년   1월   1월

자료: 인베스팅닷컴

| 고개 숙인 '코퍼 박사' |

가격 변동을 통해 글로벌 경기를 경제학자보다 더 정확하게 판단할 수 있다고 해서 '닥터 코퍼'라는 별명이 붙은 구리는 건설, 제조, 선박, 발전 등 거의 모든 산업에 두루 쓰이는 대표적인 원자재다. 구리 수요가 늘면 경기 회복, 반대의 경우 침체라는 진단을 내릴 수 있다.

코로나19 여파로 구리 역시 고개를 숙였다. 런던금속거래소(LME)에 따르면 2020년 3월 23일 구리 현물 가격은 톤당 4,617.5

달러를 기록했다. 2016년 1월 이후 최저치다. 2020년 1월 톤당 6,103.5달러로 고점을 찍은 후 두 달 만에 24.3% 급락했다. '세계의 공장'인 중국 내 공장들이 셧다운에 들어가면서 구리 수요가 바닥을 친 영향이 컸다.

이후 4월 들어 중국 공장들이 재가동에 들어가면서 구리 가격도 소폭 회복했지만 미래는 여전히 불투명하다. 코로나19 확산 방지를 위해 세계 각국에서 이동 제한과 공장 가동 중단 조치를 내리고 있기 때문이다. 정규철 KDI 경제전망실장은 "코로나19 확산이 2월 중순 이후부터 본격화됐기 때문에 최근에 발표된 경제 지표와 기업들의 실적이 코로나의 영향을 온전히 반영하고 있다고 볼 수 없다"고 설명했다. 또한 "구리, 알루미늄 등 원자재 수요는 글로벌 산업 경기에 민감하게 반응한다"며 "현재로선 코로나19 사태가 언제까지 지속될지 예측하기 힘든 상황이기 때문에 이들 원자재의 수요 역시 방향을 가늠하기 어렵다"고 말했다.

| 출렁이는 '식량 물가' |

"정당화할 수 없는 수출제한 조치는 식량 안전을 위협한다."

주요 20개국(G20) 농업 담당 장관들이 2020년 4월 21일 긴급 화상회의를 연 뒤 이 같은 내용의 성명을 발표했다. 이들은 일부 국가의 식량 수출제한 움직임에 우려를 표명하면서 "코로나19 확산 방지를 위해 이동제한 조치가 필요하다는 점은 인정하지만 전 세계 식량 공급망이 끊어져서는 안 된다"고 강조했다.

코로나19가 전 세계로 확산되며 장기화 조짐을 보이자 자국의 식량 창고를 걸어잠그는 국가들이 늘어나고 있다. 자국 내 식량 자원 확보를 위해서다. 주요 곡물 생산국가들이 수출 금지에 나서면서 쌀과 밀 등의 가격이 들썩이고 있다.

〈블룸버그〉에 따르면 2020년 4월 8일 태국의 쌀수출협회는 "5% 도정 백미(인디카 쌀)의 가격이 3월 25일부터 4월 1일까지 12% 올랐다"고 밝혔다. 이는 2013년 4월 말 이후 7년 만에 최대폭 상승이다. 5% 도정 백미는 국제 쌀 가격의 기준이다. 쌀 가격이 급등한 이유는 공급 위축 때문이다. 세계 3위 쌀 수출국인 베트남은 2020년 3월 말 신규 수출 계약을 맺지 않겠다고 발표했다가 4월 10일부터 40만 톤만 수출 쿼터제로 허용했다. 캄보디아도 쌀 수출을 금지했다. 여기에 세계 1위 수출국인 인도도 수출량 억제에 나서자, 2위 수출국인 태국으로 쌀 수요가 몰린 것이다.

서양의 주식인 밀 가격도 상승세다. 러시아는 2020년 3월 열흘간 곡물 수출을 제한했다. 코로나19로 인한 곡물 품귀현상에 대응하기 위해서다. 또 앞으로 곡물 수출을 700만 톤 이내에서 하겠다고 발표했다. 카자흐스탄도 밀, 당근, 설탕, 감자를 모두 수출 금지 대상에 포함시켰다. 세계 최대 밀 생산국인 이들 두 나라가 밀 수출을 제한하자 시카고선물거래소(CME) 밀 선물 가격은 2주 만에 15% 넘게 올랐다. 파스타용으로 널리 쓰이는 캐나다산 듀럼 밀 가격도 2017년 8월 이후 최고치를 갱신했다.

이에 FAO는 최근 "식량 공급체계 안정을 위해 효과적인 조치를 취하지 않는다면 글로벌 식량 위기가 닥칠 수 있다"고 경고했다. KDI에서 에너지·자원 분야를 담당하고 있는 김현석 지식경제연구부 연구위원은 "코로나19가 장기화될수록 자국 내 곡물 비축을 위해 수출을 제한하는 보호주의가 강화될 수 있다"며 "최악의 경우 2008년 글로벌 금융위기 때 나타났던 세계적인 식량 인플레이션이 닥칠 수 있다"고 전망했다.

09
가상화폐는 '디지털 금'이 될까?

2020년 3월 초, 재테크 분야 글로벌 베스트셀러 《부자 아빠 가난한 아빠》의 저자 로버트 기요사키가 트위터에 올린 글이 화제가 됐다. "미 달러화는 종말에 왔으니 금, 은, 그리고 비트코인에 장기 투자해야 한다"는 내용이었다. 정부와 중앙은행에 대한 신뢰가 사라지는 순간 달러는 종잇조각이 될 수 있다는 게 그의 주장이다. 기요사키는 그러면서 달러를 '가짜 돈'이라고 했다. 금과 은은 '신의 돈', 비트코인 등 가상화폐는 '대중의 돈'이라고 칭했다.

그의 말대로 가상화폐가 대중의 돈이 될 수 있을까. 코로나19 사태를 계기로 투자 상품으로서의 가상화폐의 가치에 대한 관심도 높아졌다. 미국의 양적완화가 이어지고 각국이 디지털 화폐 보급을 앞당길수록 기존 화폐의 위상이 무너질 가능성이 커지기 때문이다.

아직까지는 의견이 분분하다. 비트코인이 디지털 안전자산으로서 금과 같은 역할을 하게 될 것이라는 전망도 많다. 반면 코로나 사태 직후 주요 가상화폐가 주식 시장과 마찬가지로 급락하는 등 아직까지는 안정적인 투자 대상이 아니라는 의견도 적지 않다.

| 가상화폐 값 상승 전망 쏟아지다 |

가상화폐가 코로나19 사태를 계기로 상승세를 탈 것이라는 전망은 곳곳에서 나오고 있다. 경제 전문지 〈블룸버그〉는 2020년 4월 22일 〈비트코인 성숙도 도약(Bitcoin Maturation Leap)〉이라는 보고서를 냈다. 보고서는 대표적인 가상화폐인 비트코인이 코로나19 사태에서 금과 함께 안전자산으로서의 입지를 다졌다고 평가했다. 보고서는 "전례 없는 경기부양책과 시들해진 주식 시장의 수혜 대상 중 하나가 비트코인"이라며 "올해 비트코인이 고위험 투자형 자산에서 '디지털 금'으로 바뀔 것"이라고 내다봤다. 변동성이 과거보다 줄어드는 등 투자 자산으로서 안정성도 높아지고 있다고 보고서는 분석했다.

가상화폐거래소 비트멕스(BitMEX) CEO 아더 헤이스도 "비트코인의 안전자산으로서의 입지를 믿고 있다"며 "연내 2만 달러(약 2,400만 원)까지 상승할 것"이라고 내다봤다.

2020년 가상화폐가 상승세를 탈 것이라는 전망이 나오는 또 다른 계기도 있다. '대장주' 격인 비트코인이 5월 세 번째 '반감기'를 앞두고 있어서다. 반감기란 가상화폐 채굴에 따른 보상이 기존의 절반으로 줄어드는 시기다. 화폐 발행이 멈추거나 가치가 급격하게 하락하지 않기 위해 설계된 시기다. 이 시기에는 가상화폐 공급이 반으로 줄어들기 때문에 통상 시세가 오른다. 가상화폐별로 다르지만 비트코인은 발행량이 21만 개가 되면 반감기에 들어선다. 통상 비트코인의 가격이 오르면 다른 중소 가상화폐도 가격이 함께 오르는 경향이 있기 때문에 업계에서는 반감기를 주요 호재로 기대해왔다.

가상화폐 전문 자산운용사인 갤럭시캐피탈(Galaxy Capital)의 마이클 노보그라츠 대표는 〈포브스〉와의 인터뷰에서 "비트코인 시세가 반감기를 앞두고 바닥에 가깝다"고 진단했다. 그는 "지난해부터 비트코인은 거시경제 변화에 대비하는 투자 수단이 됐다"며 "지금이 비트코인을 사야 할 시점"이라고 주장했다.

| 가상화폐는 안전자산이 아니라는 반론 |

반면 가상화폐가 안전한 투자 자산이 될 수 없다는 의견도 팽팽하다. 캠벨 하비 미국 듀크대학교 경제학과 교수는 "만약 비트코인이 안전자산이었다면 이번 코로나19로 인한 경기침체 상황에서도 가치가 유지되거나 상승했어야 했다"며 "(코로나19 사태 직후) 비트코인 가격은 10% 이상 폭락했다"고 지적했다.

당초 주요 가상화폐는 글로벌 정세가 어려워질 때마다 상승세를 보였다. 2019년 미·중 무역분쟁, 브렉시트(Brexit, 영국의 EU 탈퇴), 홍콩 민주화 시위, 미국·이란 간 갈등 등 주요 이슈 때마다 피난처로 가상화폐를 택하는 투자자들이 생겼다.

그러나 코로나19 사태 때는 비트코인도 직격탄을 맞았다. 시장에 공포가 번지면서 투자자들이 자산을 현금화하는 데 나섰기 때문이다. 낙폭은 미국 증시보다 더 컸다. 2020년 3월 12일 미국 증시는 10% 이상 떨어졌다. 비트코인은 이날 하루에만 45%가 급락했다. 2019년 4월 이후 4,000달러대로 떨어진 것은 처음이었다. 가상화폐가 위험 시 안전자산 역할을 하기에는 역부족이라는 주장에 힘을 실은 하루였다. 누리엘 루비니 뉴욕대학교 교수는 한 인터뷰에서 "비트코인이 기존 자산 하락폭보다 큰 폭으로 떨어졌다"며 "비트코인은 헤지(hedge, 위험 회피) 수단이 되지 못한다"고 말했다.

이후 비관론은 이어졌다. 가상화폐 전문매체 〈크립토카눈〉의 카시프 라자 CEO도 "비트코인은 3,000달러(약 372만 원) 이하로 떨어질 것"이라면서 "시장의 공포 심리가 지속돼 주식이나 비트코인을 포기하고 현금을 선택할 것"이라고 밝혔다. 가상화폐의 전망에 대한 대표적인 회의론자인 피터 시프(Peter Schiff)도 자신의 트위터에 "세계 경제 위기에 진정한 안전자산을 찾는 투자자는 비트코인을 찾지 않는다"며 "투기꾼밖에 없는 비트코인 시장은 결코 안전한 피난처가 될 수 없다"고 적었다.

그러나 가격 급락세는 얼마 뒤 잡혔다. 비트코인 시세는 서서히 회복돼 4월에는 7,000달러 수준으로 올라섰다. 이후 큰 급등락 없

이 가격을 유지하고 있다. 5월 반감기를 앞두고 낙관론과 신중론은
여전히 팽팽히 줄다리기를 하는 중이다.

| 디지털 화폐 경쟁이 가상화폐 시대 앞당길까? |

민간 가상화폐는 아니지만 주요 국가들이 디지털 화폐 개발 및 보
급에 속도를 내고 있다는 점도 가상화폐 업계에는 호재로 평가된
다. 그만큼 가상화폐가 화폐로서의 기능을 할 수 있는 입지를 다질
수 있기 때문이다.

디지털 화폐는 가상화폐와 비슷하면서도 다르다. 비트코인처럼
블록체인(block chain, 분산형 데이터 저장 기술) 방식을 사용하는 것
은 같다. 하지만 각국 중앙은행이 발행 및 보증하는 전자화폐라는
점에서 큰 차이가 있다. 국가가 책임지기 때문에 안정적이며 수요
변화에 따라 공급을 조절할 수도 있어 지금의 화폐를 대체할 수 있
다는 분석이다. 각국은 코로나19 이후를 대비해 디지털 화폐 개발
및 상용화 준비에 박차를 가하고 있다.

가장 먼저 디지털 화폐 생태계에 '깃발 꽂기'를 준비한 곳은 중
국이다. 중국 중앙은행인 인민은행은 미국 달러 중심의 국제 금융
질서를 재편하기 위해 2014년 디지털 화폐 연구를 시작했다. 2020
년부터 스타벅스, 맥도날드 등에서 디지털 화폐 실험을 선보이기
로 했다.

다른 국가들도 잰걸음을 하고 있다. 캐나다, 싱가포르, 태국 등은 거액결제용(기업 간) 디지털 화폐 시범사업을, 우루과이, 캄보디아 등 개발도상국은 소액결제용(개인 소매용) 디지털 화폐 시범사업을 하고 있다. 디지털 화폐 발행 계획이 없다고 했던 미국도 최근 전략을 바꿨다. 우선 연구와 함께 비용 테스트 등을 하기로 했다. 아직까지 구체적인 발행 계획은 내놓지 않았다. 한국은행도 내년 시험 가동을 목표로 발행을 추진하겠다는 계획을 내놨다.

세계 각국의 발걸음이 바빠진 것은 코로나 사태가 큰 계기가 됐다. 현금 사용이 급격히 줄고 온라인 결제가 급증하면서 디지털 화폐의 가능성에 기대가 커졌다는 설명이다. 디지털 화폐는 국가 주도의 화폐이기 때문에 민간 가상화폐와는 큰 상관이 없다는 시각도 있다. 다만 디지털로 유통하는 가상화폐가 통용된다면 비트코인 등 가상화폐에 대한 신뢰도도 더 올라갈 것으로 시장은 분석하고 있다.

국내에서는 가상화폐 관련법이 2020년 개정된 것도 시장의 기대감을 키우는 요인이다. 특정금융거래정보의 보고 및 이용 등에 관한 법률(특금법)이 국회 본회의를 통과했기 때문이다. 특금법은 암호화폐를 '가상자산'으로, 가상화폐거래소를 '가상자산 사업자'(VASP)로 정의했다.

또 금융권 수준의 자금세탁방지(AML) 의무도 부여했다. 실명계좌도 확보해야 한다. 그동안 모호했던 가상 자산 개념을 바로잡고 가상화폐 시장을 제도권으로 들여온 것이다. 이로 인해 요건을 갖추지 못한 중소 가상화폐거래소들은 줄줄이 문을 닫을 것이라는 전망이다. 다만 궁극적으로는 시장의 투명성과 신뢰도를 높여 긍정적 기능을 할 것이라는 분석이 더 많다. 투자자들도 과거보다는 불안감을 줄이고 시장에 접근할 수 있게 될 것이라는 전망이다.

| 아직은 미지의 시장 |

투자를 하더라도 차근차근 접근해야 한다는 게 전문가들의 얘기다. 가상화폐에 대한 사전 지식 없이 투자를 시작했다가는 낭패를 볼 수 있다. 가상화폐거래소 코인빗 측도 2019년 가상화폐 투자의 특성을 반드시 파악하고 투자해야 한다고 경고한 바 있다. 코인빗 관계자는 "가상화폐는 다른 투자수단에 비해 수익률이 높을 수 있는 반면 손실도 크게 입을 수 있다"며 "가치 변동으로 인한 손실 발생 가능성 등을 충분히 유념하고 가상화폐에 대한 충분한 이해가 동반돼야 투자에 성공할 가능성이 높아진다"고 밝혔다. 이어 "특히 가상화폐는 시세 변동 및 규제 등에 따라 가격이 급변하고 24시간 거래할 수 있으므로 무분별한 투자는 큰 손실을 초래할 가능성이 있다"며 "가상화폐는 법정화폐가 아니기에 누구도 그 가치를 보증하지 않고 실질적 가치가 0으로 평가될 수도 있다"고 덧붙였다.

특히 비트코인처럼 이름이 알려진 가상화폐가 아닌 중소 가상화폐의 경우 위험성이 더 크다. 변동성도 크고 시세 조종 가능성도 있기 때문이다. 2020년 3월 25일 국내 중소 거래소 코인빗에 상장한 가상화폐 루에다는 상장 10분 만에 30원에서 6만 8,000원으로 2,266배가 올랐다. 이후 5분 만에 45%가 떨어지며 3만 7,500원으로 내리기도 했다. 특별한 호재가 없지만 가격이 롤러코스터를 탔다. 업계에서는 특정 세력이 자전거래(거래량을 부풀리고자 자기 식구끼리 주식을 사고파는 행위) 등을 통해 가격을 띄웠을 가능성을 제기하기도 했다.

특정 가상화폐에 투자를 하려면 해당 화폐의 '백서'를 먼저 살펴보는 것이 좋다. 백서는 가상화폐 발행에 대한 정보를 담은 일종의 '계획서'다. 해당 가상화폐(자산)의 기술적인 차별성과 개발 계획, 사업성 등을 담고 있다. 투자하려는 화폐의 백서를 가장 먼저 확인해보고 사업성과 계획이 실현 가능성이 있는지 먼저 점검해봐야 한다는 게 전문가들의 조언이다.

안전한 거래소를 선택하는 것도 중요한 체크 포인트다. 거래소는 가상화폐를 거래하는 플랫폼이다. 국내 가상화폐거래소는 200여 곳이 운영 중인 것으로 추정된다. 이 중 실명 계좌를 보유한 곳은 빗썸, 업비트, 코인원, 코빗 등 네 곳이다. 가능하면 실명 계좌를 보유하면서 보안 문제가 적은 곳을 선택하는 게 좋다고 전문가들은 조언한다. 검증되지 않은 거래소에서는 개인정보 유출이나 해킹 문제가 빈번하게 일어나기 때문이다. 해외에서도 이 같은 일이 적지 않다. 만약 거래하던 거래소가 사고로 문을 닫으면 이용자는 자산을 그대로 날리게 될 가능성도 있다.

10
코로나 시대 부동산 시장 전망은?

2020년 4월 서울 강남구 대치동의 한 부동산 중개업소. 은마아파트 전용면적 $76m^2$가 17억 5,000만 원~18억 원대에 급매물로 나왔다. 2019년 12월 최고 21억 5,000만 원, 2020년 3월 초에 2층이 19억 5,000만 원에 팔렸던 것과 비교하면 2~3억 원 이상 떨어진 것이다. 하지만 문의만 있을 뿐 매수자는 나타나지 않았다.

송파구 잠실주공5단지에서도 2019년 고점 대비 2~3억 원의 상승분을 반납한 매물이 등장했다. 이들 두 아파트는 강남권 대표 재건축 단지로 서울 집값의 '풍향계' 역할을 한다. 대치동의 한 중개업소 사장은 "코로나19로 경기가 충격을 받자 집주인들이 하나둘 매물을 내놓기 시작했다"며 "하지만 대출 제한 등 각종 규제가 강해 매수자가 붙지 않고 있다"고 말했다.

코로나19 사태로 세계 경제가 휘청거리자 주택 시장에도 경고음이 울리고 있다. 경기침체가 실물경제로 옮겨가면서 본격적인 집값 하락 현상이 나타난 것이다. 부동산 시장의 각종 선행 지수들도 일제히 내리막길로 접어들었다. 팬데믹이 장기화되면 1997년 외환위기, 2008년 글로벌 금융위기에 버금가는 타격이 국내외 경제를 휩쓸 것이라는 우려가 나오고 있다. 이럴 경우 부동산 시장도 피해가기 힘들 것이란 게 중론이다.

21대 총선에서 여당이 압승한 것도 주택 시장에 변수로 작용할 전망이다. 집값 안정을 위해 부동산 규제에 무게 중심을 둔 정부 정책이 탄력을 받기 때문이다. 정부와 여당은 종합부동산세 등 다주택자 과세 강화와 분양가 상한제, 임차인 계약갱신청구권 등을 예정대로 추진할 방침이다. 이에 서울 집값의 풍향계 역할을 해온 강남 재건축 아파트들이 실망 매물을 쏟아내고 있다.

가계대출 규모가 역대 최대인 상황에서 실업률이 치솟고 집값이 하락한다면 최악의 경우 '역전세난', '하우스푸어', '불 꺼진 아파트' 등 사회 문제가 또다시 불거질 수도 있다. 자영업 위기가 심화된다면 상가 빌딩 등 수익형 부동산도 위태로워질 수 있다. 전문가들은 경제의 불확실성이 걷힐 때까지 보수적인 자세를 취해야 한다고 입을 모았다. 다주택자들은 보유 주택 줄이기를 적극 검토해야 한다고 조언했다.

　　　　　　　　　　　　　　　코로나 빅뱅, 뒤바뀐 미래

| 고꾸라진 지표들 |

코로나19 사태 이후 주택 시장도 큰 충격을 받았다. 최근 몇 년간 거침없이 상승한 서울 집값이 꺾인 것이다. 한국감정원의 2020년 3월 넷째 주(30일 기준) 서울 아파트 매매 가격은 전주 대비 0.02% 하락했다. 서울 아파트 가격이 하락한 건 2019년 7월 첫째 주 이후 39주 만이다. 4월 첫째 주(6일 기준) 서울 아파트 매매가는 전주 대비 0.04% 하락했다. 전주(-0.02%)보다 낙폭이 커졌다. '강남 3구'(강남·서초·송파)가 하락을 주도했다. 강남(-0.24%), 서초(-0.24%), 송파(-0.18%) 등이다. 코로나19가 대구·경북 지역을 중심으로 급속하게 퍼진 3월 이후 한 달 만에 하락 반전한 것이다.

이는 2008년 9월 금융위기가 터지자 한 달 뒤인 10월부터 서울 아파트 가격이 강남 3구를 중심으로 떨어진 것과 비슷한 모양새다. 경기침체 장기화 우려에 따른 매수세 위축으로 상대적으로 집값이 크게 오른 지역부터 가격이 떨어지는 것이다. 금융위기가 발생한 2008년에도 강남 3구가 먼저 하락한 뒤 서울 '노도강'(노원·도봉·강북)을 비롯한 수도권 외곽 지역이 하락세로 돌아섰다.

서울 집값은 2015년 이후 5년간 꾸준히 올랐다. 강남 3구와 '마용성'(마포·용산·성동)이 서울 집값을 이끌며 급등장을 연출했다. 상승세는 2020년 초까지 지속됐다. 코로나19 충격이 가해지자 가장 뜨거웠던 강남 3구부터 식고 있다. 강남의 주요 재건축 아파트 단지에서 직전 최고가보다 3~4억 원씩 호가가 떨어진 매물이 등장했다. 마용성 지역에서도 급매물이 늘어나고 실거래가도 우하향하고 있다. 정부가 2019년 12·16 부동산 대책을 통해 고가 아파트에 대한 대출을 규제하자 들썩였던 노도강 지역도 상승세를 멈췄다. 강남 재건축 아파트가 주춤하자 서울 전역으로 냉기가 확산되는 모양새다.

서울 지역 아파트 매매가격지수 변동률

(단위: %)

※ 2020년 4월 27일~2020년 5월 4일
자료: 한국감정원

집값 선행 지표들도 줄줄이 하락하고 있다. 한국은행이 매달 발표하는 '주택가격전망 소비자동향지수'(CSI)의 경우 2020년 4월에 96포인트를 기록했다. 3월(112포인트)보다 16포인트 떨어졌다. 2013년 1월 통계 작성 후 최대 하락폭이다. 2019년 12월 코로나19 공포가 엄습하기 전 125포인트까지 상승했던 수치가 4개월 만에 29포인트 떨어진 것이다. 이 수치는 현재와 비교한 1년 후 주택가격의 전망치다. 지수가 100보다 크면 낙관적, 100보다 작으면 비관적임을 의미한다. 한국은행은 "코로나19 사태 및 이에 따른 경기침체 우려, 정부의 부동산 규제 등으로 주택 가격 하락 전망이 확산됐다"고 설명했다.

KB국민은행의 데이터를 보면 서울에서의 부동산 시장에 대한 전망이 상대적으로 더 암울하다는 것을 알 수 있다. 이 은행의 경우 2020년 3월 기준 서울 부동산 매매 가격 전망지수는 99.2를 기록했다. 2019년 6월 이후 9개월 만에 100 아래로 떨어졌다. 이 지수는 KB국민은행이 전국 부동산 중개업체 4,000여 곳을 대상으로 3개월 후 아파트 매매 가격 전망을 조사해 수치화한 것이다.

| 사태 장기화되면 침체 불가피하다 |

상당수 전문가들은 부동산 시장도 침체기를 맞았다는 진단을 내리고 있다. 앞으로는 코로나19 사태 장기화 여부가 주택 시장 침체 수준을 결정할 것이라고 내다봤다. 코로나19 사태가 여름까지 지속된다면 글로벌 침체가 불가피하다고 내다봤다. 이광수 미래에셋대우 연구원은 "기업의 경영 악화는 투자 위축, 고용 감소 등으로 이어져 주택 시장을 포함한 거시경제가 흔들릴 가능성이 있다"며 "최악의 경우 실물경제가 무너지면서 회복에 상당한 기간이 걸릴 수 있다"고 분석했다. 권대중 명지대학교 부동산학과 교수는 "코로나19 사태가 외환위기와 글로벌 금융위기보다 더 큰 충격을 줄 수 있다"고 경고했다. 권 교수는 "이전의 두 경제위기는 몇몇 국가에서 발생한 경제 문제가 다른 국가들에게 영향을 준 것이지만 코로나19는 전 세계에 동시다발적, 직접적인 타격을 입혔다"며 "확산세가 장기화된다면 국내외 경제는 이전보다 더 심각한 내상을 입게 될 것"이라고 전망했다.

일반적으로 침체기가 시작되면 재건축·재개발 등 투자 수요가 몰린 부동산부터 가격 조정을 받는다. 강남권이 약세로 돌아선 후에는 서울 전지역 → 수도권 → 지방 순서로 하락세가 확대된다. 다른 자산에 비해 하락세가 더딘 부동산의 속성을 감안하면 앞으로 3~4년간 하락장이 이어질 것이라는 관측도 있다.

재건축·재개발과 함께 상업용 부동산도 심각한 타격을 입을 것으로 보인다. 최저임금 인상과 상가임대차보호법 강화 등으로 임대차 시장의 부담이 가중된 상황에서 코로나19라는 악재까지 겹쳤기 때문이다. 상가와 빌딩 등 상업용 부동산은 경기에 민감하다. 자영업자의 매출 감소와 폐업이 잇따른다면 서울 명동과 강남 등 핵심 지역에서도 공실이 확대될 가능성이 높다.

오피스텔도 비슷한 상황이다. 정부의 부동산 규제 반사이익으로 투자 수요가 몰렸던 오피스텔도 인기가 가라앉고 있다. 한국감정원과 상가정보연구소에 따르면 전국 오피스텔 매매가격지수는 2020년 1월 99.6(2017년 12월=100)에서 3월 99.49로 하락했다. 조현택 상가정보연구소 연구원은 "최근 대출과 청약 제도 등 주거용 부동산 규제로 오피스텔이 혜택을 얻을 것이란 전망이 있었다"며 "하지만 최근 분양한 오피스텔 분양률이 저조했고, 거래량도 줄었다"고 분석했다.

| 정부의 고강도 규제는 악재로 작용할 것 |

정부가 집값을 잡겠다며 내놓은 규제들은 거꾸로 집값 상승의 불 쏘시개 역할을 하기도 했다. '정부 규제=주택 공급 위축 신호'로 받 아들인 이들이 서둘러 주택 매수에 나섰기 때문이다.

코로나19 사태 이후 상황이 반전됐다. 강한 규제가 코로나19의 직격탄을 맞은 주택 시장 침체를 가속시키고 있는 것이다. 특히, 4·15 총선에서 압승한 여당이 전체 의석(300석)의 5분의 3에 해 당하는 180석을 차지했다. 부동산 시장에 대한 규제 압박이 이어 질 가능성이 높다. 송인호 KDI 경제전략연구부장은 "정부가 부동 산 정책 규제를 더 강화할 경우 부동산 시장이 코로나19 사태와 글 로벌 경기침체로 인한 충격보다 더 깊은 내상을 입게 될 것"이라고 지적했다. 김덕례 주택산업연구원 주택정책연구실장은 "대공황 이 후 최악의 상황이라는 말이 나오고 있고 세계 각국 정부가 재정확 대 등 수습책 마련에 나섰다"며 "시장 변동성이 큰 만큼 몇 개의 시 나리오를 만들어 상황에 맞는 정책을 추진하는 것이 적절해 보인 다"고 말했다.

부동산 시장 전망이 안개 속인 만큼 보수적인 관점에서 접근해 야 한다고 전문가들은 입을 모아 말했다. 집값 하방압력이 큰 만큼 신중하게 움직일 필요가 있다는 것이다. 심교언 건국대학교 부동산학과 교수는 "2000년대 중반 '버블 세븐'(강남·서초·송파·목동·분당·평촌·용인) 사례를 참고해야 한다"고 말했다.

버블 세븐은 당시 전국적인 집값 상승을 이끌었던 지역이다. 하지만 이들 중 일부 지역은 2008년 금융위기 때 가격이 꺾인 뒤 지금까지 전고점을 회복하지 못했다. 현재 시점에서 섣불리 주택 매수에 나섰다간 이와 비슷한 패착을 둘 수 있다고 경고했다. 심교언 교수는 "지금은 정부 정책보다 코로나19로 인한 경제 충격이 더 큰 상황"이라며 "거시 경제가 어느 정도로 타격을 받을지 지켜본 뒤 의사결정을 해도 늦지 않다"고 말했다. 박원갑 국민은행 부동산수석전문위원은 "외환위기와 글로벌 금융위기가 재현될 수도 있다는 우려가 나올 정도로 글로벌 경제 리스크가 큰 상황"이라며 "경기가 반등한다는 신호가 감지될 때까지 부동산 투자를 해선 안 된다"고 말했다.

다주택자들의 경우 보유 주택을 팔아야 한다는 주장도 있었다. 권대중 교수는 "지금은 매수 전략보다 다주택자들이 집을 어떻게 팔아야 할지 출구전략을 짜야 하는 상황"이라며 "실수요자들도 1년 이상 기다리면서 매수하는 게 맞다"고 말했다.

상당수 전문가들이 '하락'에 방점을 찍은 가운데 코로나19로 인한 주택경기 침체가 단기 조정에 그칠 것이라는 의견도 있다. 이상우 인베이드투자자문 대표는 "그동안의 상승장을 지켜본 학습효과와 저금리 기조, 풍부한 유동성 등을 고려하면 다주택자들이 버틸

여력이 있다"며 "여기에 이전보다 높아진 소득수준 등을 고려하면 투매 수준의 급격한 하락장이 올 가능성은 과거에 비해 낮은 상황"이라고 분석했다.

위축된 경기 회복에 대해 긍정적인 전망을 한다 해도 '영끌 투자'(영혼까지 끌어모아 투자)는 금물이라고 전문가들은 경고했다. 감당하기 버거운 대출을 일으킬 경우 위기가 닥쳤을 때 대출자금의 만기연장(롤오버)에 문제가 생길 수 있다는 것이다. 김덕례 실장은 "무리하게 대출을 받아 주택을 샀다간 낭패를 볼 수 있다"며 "아무리 실수요 목적이라고 해도 이자를 최소화하고 현금 비율을 높여 매수해야 한다"고 조언했다.

한국경제신문 코로나 특별취재팀은 2020년 3월 코로나로 인해 변화하는 삶과 경제를 집중 취재하기 위해 구성되었다. 박준동 경제부장을 비롯해, 노경목 경제부 차장, 안재광 생활경제부 차장, 최진석 건설부동산부 기자, 황정수 산업부 기자, 강현우 국제부 기자, 김주완 IT과학부 기자, 이지현 바이오헬스부 기자, 정소람 금융부 기자, 임근호 증권부 기자, 강진규 경제부 기자, 김남영 지식사회부 기자, 강경민 런던 특파원이 참여했다.

코로나 시대에 달라진 삶, 경제, 그리고 투자

코로나 빅뱅, 뒤바뀐 미래

제1판 1쇄 인쇄 | 2020년 5월 15일
제1판 1쇄 발행 | 2020년 5월 25일

지은이 | 한국경제신문 코로나 특별취재팀
펴낸이 | 손희식
펴낸곳 | 한국경제신문 한경BP
책임편집 | 김종오
교정교열 | 이근일
저작권 | 백상아
홍보 | 서은실 · 이여진 · 박도현
마케팅 | 배한일 · 김규형
디자인 | 지소영

주소 | 서울특별시 중구 청파로 463
기획출판팀 | 02-3604-553~6
영업마케팅팀 | 02-3604-595, 583   FAX | 02-3604-599
H | http://bp.hankyung.com   E | bp@hankyung.com
F | www.facebook.com/hankyungbp
등록 | 제 2-315(1967. 5. 15)

ISBN 978-89-475-4591-4 03320